ALÍRIO DE CERQUEIRA FILHO

DIRECTEUR DE PUBLICATION

SEXUALITÉ ET SANTÉ SPIRITUELLE

Réflexions sur le sexe, la sexualité et le sexualisme

Collection Santé Spirituelle

Traduction de l'original en portugais

SEXUALIDADE E SAÚDE SEXUAL

Reflexões sobre Sexo, Sexualidade e Sexualismo

© 2014

I0140637

SEXUALITÉ ET SANTÉ SPIRITUELLE
RÉFLEXIONS SUR LE SEXE, LA SEXUALITÉ ET LE SEXUALISME

Traduction de l'original en portugais
SEXUALIDADE E SAÚDE SEXUAL
REFLEXÕES SOBRE SEXO, SEXUALIDADE E SEXUALISMO
© 2014

© Fédération spirite de l'État du Mato Grosso, 2016

Données de catalogage avant publication (CIP)
(Câmara Brasileira do Livro, Sao Paulo, Brésil)

Sexualité et santé spirituelle : réflexions sur
le sexe, la sexualité et le sexualisme / Alírio
de Cerqueira Filho, directeur de publication ;
[traduit para Yvon Doyle]. -- Cuiabá : Editora
Espiritizar, 2016. -- (Collection santé
spirituelle)

Titre original : Sexualidade e saúde espiritual :
reflexões sobre sexo, sexualidade e sexualismo
ISBN 978-85-65109-61-1

1. Spiritisme 2. Spiritualité 3. Réflexions
4. Sexe - Aspects religieux – Spiritisme
5. Sexualité - Aspects religieux – Spiritisme
6. Sexualisme - Aspects religieux – Spiritisme
I. Cerqueira Filho, Alírio de. II. Série.

16-03703   CDD-133.9

Classification décimale Dewey :
1. Sexualité et santé spirituelle : Point de
vue spirite 133.9

EDITORA
ESPIRITIZAR

Conseil éditorial
Luiza Leontina Andrade Ribeiro
Lacordaire Abrahão Faiad
Saulo Gouveia Carvalho

Design graphique
Ricardo Brito (page couverture)
Gerson Reis (conception graphique)

Traduit par
Yvon Doyle
Révisé par le CEAK de Québec

Éd. Espiritizar, Fédération spirite de l'État du Mato Grosso
260 Ouest, Avenue Djalma Ferreira de Souza, Morada do Ouro
78.055-170, Cuiaba, État du Mato Grosso, Brésil
Tél. 55 (65) 3644-2727
www.editoraespiritizar.com.br | editora@espiritizar.org

Mise en page : Estúdio Ciça Reis Comunicação
55 (11) 2729-9412   Sao Paulo, S.P., Brésil
gersonreisjunior@gmail.com

ALÍRIO DE CERQUEIRA FILHO

DIRECTEUR DE PUBLICATION

SEXUALITÉ ET SANTÉ SPIRITUELLE

Réflexions sur le sexe, la sexualité et le sexualisme

Collection Santé Spirituelle

Traduction de l'original en portugais
SEXUALIDADE E SAÚDE SEXUAL
Reflexões sobre Sexo, Sexualidade e Sexualismo
© 2014

EDITORA
ESPIRITIZAR
Qualificar e Humanizar para Espiritizar

Cuiaba, 2016

Table des matières

Présentation

D ans cette époque où on voue un culte intense au
sexe, il est impératif de réfléchir sur la nature illusoire des concepts partagés par les humains, comme celui qui
soutient que le sexe est un mal et que sa pratique est erronée.
D'autres, nombreux, croient que le sexe doit être pratiqué à la
légère et à tout prix. Pourquoi l'être humain est-il tellement aux
prises avec le sexe et le sexualisme[1]? Quelle doit être la véritable
compréhension de l'importance du sexe et de la sexualité dans
nos vies? Vous trouverez dans cette œuvre les réponses à ces questions ainsi qu'à plusieurs autres.

Souvent, on rencontre une profusion d'explications,
jetant théorie par-dessus théorie pour comprendre les fonctions
du sexe, les limites de sa pratique, et tout le bonheur que l'on
trouvera en agissant d'une façon ou d'une autre… Mais tant que

---

1 N.D.T. Dans le contexte de ce livre, le terme « sexualisme » réfère à la tendance à se
préoccuper du sexe de façon exagérée et à la prédominance de la sexualité dans la façon
de se comporter. Le terme « homosexualisme » réfère à la même tendance chez les
personnes homosexuelles et « hétérosexualisme », chez les personnes hétérosexuelles.

nous ne porterons pas notre attention vers l'être spirituel, dans toutes ses dimensions d'expérimentation des polarités féminine et masculine, ces analyses se poursuivront dans une spirale sans fin sans comprendre la cause et sans obtenir les effets désirés.

Ce livre offre un regard différent, car notre intention est de lancer une réflexion sur des questions spécifiques et de revoir les idées reçues à propos de la santé sexuelle, de l'énergie génésique[2] et aussi des perturbations et déséquilibres qui amènent plusieurs Esprits incarnés et désincarnés à se complaire tristement dans le sexualisme et à ressentir un vide existentiel intense.

Son objectif est d'offrir aux lecteurs une compréhension exacte de la dimension génésique dans le vécu des réincarnations et de la façon par laquelle ces forces animent et influencent l'équilibre individuel et collectif dans les sociétés et les peuples.

Son contenu a été enregistré lors d'entrevues avec des Esprits guides du ***Projet Espiritizar***[3], par l'intermédiaire de différents médiums.

L'organisation des chapitres suit la suggestion du guide Honorio. Le premier chapitre présente une revue des conditions de la société actuelle en matière de sexe et de sexualité. Dans le deuxième chapitre, nous avons réparti les questions et les réponses des guides en plusieurs sections thématiques sur le sexe,

---

2 N.D.T. Dans le contexte de ce livre, le terme « génésique » se comprend d'après les réponses du guide Honorio à la première et à la quatrième questions du chapitre 2 : « Les forces intérieures de l'Esprit, considérées au départ comme des facteurs de la libido [...], s'ajustent plus tard à la Loi de Reproduction, par effort, évolution et progrès dans la connexion intime avec le sens d'utilité de toutes les manifestations de la nature. Ce sens d'utilité est si satisfaisant et fécond que l'Esprit le ressent dans tout ce qu'il réalise en syntonie dans sa conscience avec les Lois Divines; il se sent alors pleinement uni à la création et profondément reconnaissant d'exister et de cocréer avec Dieu. [...] Nous parlons d'un attribut, c'est-à-dire d'un potentiel que l'Esprit possède intrinsèquement en lui-même ».

3 Le ***Projet Espiritizar*** est décrit en annexe.

la sexualité et le sexualisme. Dans le troisième chapitre, nous examinons différents aspects de la sexualité et de la santé spirituelle. Le quatrième chapitre expose une réflexion sur l'importance que notre conscience soit connectée avec les Lois Divines afin que nous puissions faire un bon usage du sexe et de la sexualité. Dans le cinquième chapitre, nous traitons de l'énergie des chakras et de l'équilibre sexuel. Le dernier chapitre réunit les témoignages de plusieurs Esprits qui ont échoué dans le domaine de la sexualité.

Ce livre invite chacun de nous à traiter le sexe comme des Esprits immortels, en vivant la sexualité avec respect et une profonde affectivité, pour nous libérer des sentiments de gêne et de culpabilité par rapport au sexe, que plusieurs portent en eux et qui les amènent souvent à mépriser le corps et à martyriser les sentiments.

L'être humain est invité à sublimer ses relations instinctives en cherchant à développer ses émotions nobles et les vertus essentielles de la Vie. C'est là la grande proposition de ce livre : commencer à se considérer comme des Esprits immortels et à canaliser de façon adéquate nos énergies génésiques, de façon à cultiver une sexualité saine, dans laquelle le sexe est une ressource d'épanouissement et non de vice.

Il s'agit d'une œuvre sans prétention scientifique, qui ne cherche pas à apporter le dernier mot sur un sujet aussi sensible, vaste et profond.

Nous souhaitons que tous fassent d'excellentes réflexions.

Alírio de Cerqueira Filho

Cuiaba, le 29 septembre 2014

Préface de clarification

Durant son séjour dans la chair, l'Esprit immortel, sous l'influence de la matière, sent l'impulsion des cellules qui coordonne ses pas, ses mouvements, les émotions et, fréquemment, ses choix.

Quand l'Esprit est manipulé en raison de son ignorance de sa réalité spirituelle, la force biologique, instinctive et procréatrice se perpétue dans un profond système d'automatismes de ses réactions, manifestant ainsi un comportement conditionné qui révèle le manque de connaissance de soi-même.

À mesure que l'Esprit s'améliore et fait le grand voyage intérieur pour se défaire des amarres de l'ignorance, qui le retiennent dans l'égoïsme et dans la domination des instincts, l'Esprit comprend sa nature immortelle et commence à s'envoler glorieusement en libérant son énergie essentielle.

Constatant que les caractéristiques subtiles du système reproducteur influencent les réactions aiguës et intimes du corps, l'Esprit conscient de sa tâche de réincarnation sait se diriger avec un effort sublime sur le chemin de son ascension et de son amélioration en vue de son équilibre sexuel.

Accédant à l'expérience de la réincarnation pour s'améliorer, l'Esprit a un besoin fondamental et grave d'établir un système de vigilance pour l'aider à atteindre la plénitude comme Esprit immortel, autant dans sa polarité masculine que dans sa polarité féminine.

Particulièrement parce que l'Esprit se compromet d'une réincarnation à l'autre dans des déséquilibres liés aux vices découlant d'une conduite malhonnête et égoïste et des pensées et sentiments viciés, jusqu'à ce qu'il se perçoive comme un cadeau de l'univers destiné à aimer et à s'épanouir dans l'amour.

C'est précisément avec l'objectif plus large de la réincarnation et avec son expérience personnelle dans le domaine de la sexualité que l'Esprit peut lancer ses envolées de sublimation, très profondes, et respecter sa psyché avec un objectif de sublimation de son identité génésique. Sa capacité créatrice, qui se manifeste également par les mécanismes propres à la matière, se lie à la libido comme manifestation de la nature corporelle, afin de réaliser, avant tout, l'essence de son Esprit, qui est de se sentir cocréateur conjointement avec la nature cosmique.

De nos jours, l'érotisme s'implante largement et provoque de graves accidents moraux dans le domaine de la sexualité. Ces accidents surviennent parce que l'Esprit a méprisé ou abusé de ses facultés, particulièrement celles de nature procréatrice, ce qui se manifeste par des comportements excentriques de toute sorte.

Une menace pour l'âme, par rapport à laquelle tous doivent être attentifs et responsables, est la perte d'équilibre dans la sexualité, parce que l'âme est infestée par les absurdités des bacchanales romaines et des orgies vécues au cours des siècles passés, dans diverses cultures et sous différentes formes, tout au long de l'histoire de l'humanité.

L'homme moderne et la femme d'aujourd'hui ont besoin de comprendre, aimablement, comment utiliser leurs facultés sexuelles pour un usage équilibré dans la recherche de leur propre bonheur.

Les cas graves, présentés dans ce livre, représentent un aperçu modeste des répercussions lourdes de conséquences enregistrées dans le monde spirituel lors d'échec en matière de sexualité. Ces répercussions sont profondes et d'ampleur alarmante. Elles demandent, à toutes les personnes qui s'appliquent à rechercher leur propre équilibre, de prendre soin et de donner de l'attention à cet aspect, avec le désir d'acquérir des connaissances qui leur permettront de tracer un chemin d'autorénovation et d'autosublimation génésiques.

Le sexe est un beau et sublime patrimoine d'expression de la vie sous différentes formes dans la nature, comme le pollen qui est emporté par le vent jusqu'à la fleur et entreprend le processus d'échange de la vie.

De la même façon, l'énergie sexuelle favorise l'échange dans la conquête de la plénitude. Elle doit être utilisée dans ce but, tout au long du parcours de l'Esprit immortel dans un corps où il passe par différentes expériences, qui génèrent des émotions et le renforcent pour qu'il se sente pleinement en paix et entièrement intégré à la vie.

Pour cela, nous avons inspiré cette œuvre avec l'objectif simple de rendre disponibles des informations spécifiques au moyen de réponses à des questions portant sur des thèmes affligeants de l'actualité. Nous avons aussi organisé des témoignages pertinents des Esprits, de façon à nourrir les réflexions sur ces expériences et à toujours susciter le choix, par les frères et sœurs dans un corps, du chemin de l'autoamour, de l'autorespect et de l'autovalorisation, afin de les libérer des injonctions de l'ego sur leurs énergies sexuelles.

Que notre frère et notre sœur se sentent immensément accueillis par les informations acheminées à partir du sentiment profond des Esprits affectueux et bons qui ont composé cette œuvre, afin d'aider à la libération et à la plénitude des forces créatrices de l'Esprit par une sexualité entièrement équilibrée.

À l'exemple de Jésus, nous répétons ces paroles : tous reconnaîtront que vous êtes mes disciples, si vous avez de l'amour entre vous. Que ces paroles aident nos frères et sœurs à avoir la capacité de devenir disciples du Maître en s'aimant profondément et en respectant, en ce qui concerne l'énergie sexuelle, ce qu'il y a de plus important dans l'âme : la vie et l'amour.

Honório

(page psychographiée reçue par le médium Afro Stefanini II, le 5 octobre 2014)

Réflexions sur le sexe, la sexualité et le sexualisme...

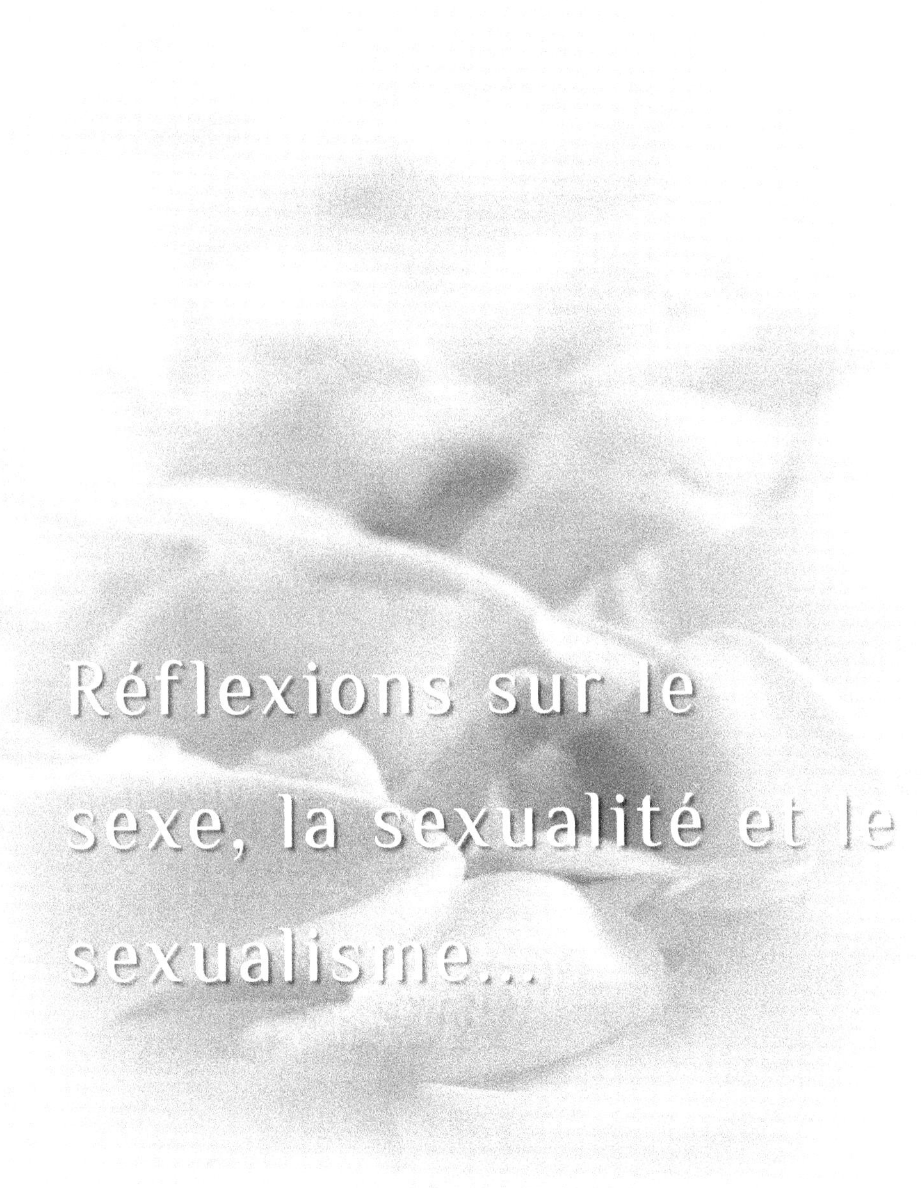

1

Les perspectives actuelles sur le sexe, le sexualisme et la sexualité

Dans le livre *Vitória sobre a depressão* (*Victoire sur la dépression*), psychographié par Divaldo Franco et publié, en 2010, par *Livraria Espírita Alvorada Editora*, le message intitulé *Érotismo* (Érotisme) de la guide Joanna de Ângelis traite de la situation que nous vivons aujourd'hui en ce qui concerne le sexe et le sexualisme :

> « Dans une culture orientée presque exclusivement vers l'érotisme, il est naturel que l'hédonisme prédomine dans les pensées et les cœurs. […] De fait, le sexe devient le nouveau dieu de la culture moderne, exalté de toute part et mis en évidence dans toutes les situations. » (Divaldo Franco et Joanna de Ângelis, 2010)

Selon le Dictionnaire Aurélio, l'hédonisme est « une doctrine qui considère que le plaisir individuel et immédiat est l'unique bien possible, le principe et le but de la vie morale ».

Une personne hédoniste est celle qui cultive le plaisir à tout prix. Ce qui lui importe est la satisfaction immédiate, son unique raison d'exister. Nous vivons dans une société hédoniste dans laquelle l'érotisme, la dépendance aux drogues, l'alcoolisme et d'autres actions générant un plaisir immédiat sont perçus comme une façon légitime de vivre. Cependant, c'est précisément le plaisir immédiat qui produit la douleur et la souffrance tout de suite après.

Joanna de Ângelis dit, de façon très pertinente, que le sexe est le nouveau dieu de notre société. Nous vivons pour le sexe, et non – comme ce devrait être – le sexe pour la vie. Nous cherchons le sexe pour le sexe, purement et simplement.

Cela crée le *sexualisme*, c'est-à-dire le culte du sexe, dans lequel les personnes ont l'obligation de faire le sexe pour pouvoir vivre bien. Dans le cas contraire, elles auront des problèmes de toutes sortes, physiques et émotionnels. Celles qui ne cherchent pas à se procurer un orgasme à tout prix sont considérées comme anormales, une perception renforcée sans limites par les médias.

> « Des personnes, considérées comme célèbres, dans les domaines de l'art, du cinéma ou de la télévision, dévoilent sans pudeur leurs plaies morales, et elles racontent leurs avortements, leur décision d'euthanasier leurs êtres chers qui nuisaient à leurs jouissances juvéniles, la multiplication de leurs partenaires sexuels, leurs adultères commis par vengeance ou simplement par vulgarité, le prix pour lequel elles se donnent, les perversions qui les caractérisent, et elles méprisent les sentiments de ceux qui les regardent ou qui les lisent et qui demeurent déconcertés ou envieux, dans un commerce lamentable de la dégradation. » (idem)

La guide aborde un grave problème social contemporain. Dans une société de la superficialité, les personnes ne vivent pas leur propre vie, mais celle des célébrités. Elles veulent tout savoir à leur sujet, ce qui comprend bien souvent une suite de scandales sordides, de pratiques illégales et immorales.

Ces célébrités, promues par les médias qui les utilisent pour attirer un auditoire, agissent comme des multiplicateurs d'opinion et s'adressent au subconscient des grandes masses qui, sans discernement, cherchent à les imiter dans les détails.

Le résultat est une société à chaque fois plus superficielle et malsaine, dans laquelle le sexe sans obligations prolifère et l'adultère est banalisé, avec comme conséquence des grossesses non désirées qui se terminent en avortements horribles.

> « Les jeunes, hommes et femmes, s'exhibent dans le cirque des plaisirs, dans le rôle d'esclaves burlesques exposant le sexe explicite dans des revues ou des films de basse qualité, devenant des idoles de la pornographie et de la sensualité malsaine.
>
> « La pédophilie atteint des niveaux jamais imaginés, propulsée par Internet qui lui ouvre des portes à l'infini. Des parents insensés vendent leurs enfants au vil commerce du sexe infanto-juvénile, détruisant leur enfance qui est cruellement assassinée.
>
> « D'un autre côté, la prostitution de mineurs augmente constamment, parce que les pervers blasés exigent de la chair nouvelle pour satisfaire les appétits sauvages qui les consument. » (idem)

Dans cet extrait, la guide Joanna de Ângelis fait référence à trois graves problèmes moraux de la société contemporaine : la pornographie sans frein, la pédophilie et la prostitution de mineurs. La pornographie atteint des taux de saturation dans les médias de toute sorte, particulièrement Internet, où même des enfants ont accès à tous les types de diffusion pornographique. La pédophilie, principalement par l'intermédiaire d'Internet, s'amplifie de façon terrible, avec des enfants et des adolescents contraints, souvent par leurs propres parents. La prostitution infanto-juvénile est une autre réalité, surtout dans les pays pauvres, qui deviennent des *paradis* du tourisme sexuel permettant aux fortunés des pays riches de satisfaire leurs appétits sauvages, comme le dit la guide.

> « ... Et parce qu'ils vivent dégoûtés et sans stimuli nouveaux, l'alcoolisme, le tabagisme et la dépendance à la drogue constituent un pas en avant dans la marche vers la violence, la dépression et le suicide.
> « Les statistiques de la folie qui s'empare de la planète en ce moment sont alarmantes. » (idem)

Ici, la guide Joanna de Ângelis met en évidence une autre plaie sociale, très commune à notre époque de grande transition : le dégoût de la vie. En effet, peu de gens cherchent le vrai sens de la vie, en approfondissant la recherche de la causalité spirituelle.

Le résultat de tout ceci est une augmentation incessante de l'alcoolisme, de la dépendance à la drogue et du tabagisme, des compagnons de prédilection du sexualisme qui cherchent à anesthésier la conscience de ceux qui vivent cette vie sans sens, en les conduisant à la dépression, au suicide et à la violence...

En conséquence, le nombre de personnes en dépression progresse de façon inquiétante, au point où l'Organisation mondiale de la santé avertit que la dépression sera la grande pandémie du 21e siècle.

Le nombre de suicides a aussi augmenté à des niveaux inquiétants, même chez les enfants, comme l'avait prédit les instructions des Esprits sur la régénaration de l'humanité, citées par Allan Kardec dans la Revue spirite d'octobre 1866 : « on verra les suicides se multiplier dans une proportion inouïe, jusque parmi les enfants. [...] Ce sont là les véritables signes des temps. » (pp. 304-305)

> « On peut comprendre l'augmentation des statistiques de ma-

ladies débilitantes, comme le cancer, la tuberculose, les maladies cardiovasculaires, le sida, les maladies transmises sexuellement et les infections hospitalières, entre autres, accompagnées de perturbations psychologiques et psychiatriques, qui démontrent le retard des développements dans le domaine de la santé, malgré ses innombrables réalisations...
« L'être humain s'essouffle... » (Divaldo Franco et Joanna de Ângelis, 2010)

Joanna de Ângelis nous parle du résultat de tout ce que nous vivons, en soulignant que malgré les avancées des sciences de la santé, les maladies de toutes sortes, particulièrement celles transmises sexuellement, comme le sida, prolifèrent dans la société et produisent beaucoup de souffrance. C'est une invitation à chacun d'entre nous à réfléchir sur les abus commis contre la vie.

> « Le règne de l'érotisme se prolongera encore un certain temps, jusqu'au moment où les Lois Divines inviteront les responsables des abus à la modération et à la réparation, en les dirigeant vers des mondes inférieurs, où ils devront subir des tourments amers en se rappelant le paradis qu'ils auront perdu, mais qu'ils pourront retrouver après leurs luttes rédemptrices. » (idem)

Joanna de Ângelis termine ce chapitre en disant que tous ceux qui profitent de ce règne érotique, qu'elle décrit, seront dirigés vers des mondes inférieurs pour pouvoir se renouveler et, peut-être, retourner vers la Terre après leur régénération.

Cet exil n'est pas une punition pour ces Esprits, mais une adéquation à leur propre condition d'infériorité. La Providence Divine les retourne temporairement dans des mondes inférieurs, dans lesquels ils vont apprendre à être doux et humbles de cœur, grâce aux difficultés qu'ils vont rencontrer dans ces mondes. En même temps, grâce à cette mesure, ils n'augmenteront pas davantage leurs dettes, car ils seront empêchés de nuire au progrès de la Terre.

Le culte à ce règne érotique disparaîtra alors complètement de notre monde, cédant la place à une pratique d'une sexualité saine, qui deviendra une source de vie, plutôt que de mort et de dégradation comme c'est le cas aujourd'hui dans notre société.

Dans les prochains chapitres, nous verrons comment construire cette sexualité saine, en nous libérant définitivement du sexualisme, pour mériter de poursuivre notre évolution sur la Terre qui se transformera en un véritable paradis, comparativement à ce qu'elle est aujourd'hui.

2

Questions sur le sexe, la sexualité et le sexualisme

Les 66 questions que nous présenterons dans la suite de ce livre ont été élaborées par nous et soumises aux guides du *Projet Espiritizar*, qui y ont répondu lors de rencontres spécifiques de psychophonie, par l'intermédiaire du médium Afro Stefanini II.

2.1 – Sexe et santé spirituelle

Loi de Reproduction

1 – La Loi de Reproduction est une Loi Divine naturelle qui régit les manifestations sexuelles de tous les êtres vivants dans un processus associé aux instincts. Comment pouvons-nous comprendre cette Loi dans le processus d'évolution de l'Être?

« Toutes les Lois s'unissent à l'intérieur de l'Être en fonction du but le plus profond de Dieu pour Ses enfants – le pur et éternel bonheur. Cette évolution sans fin se réalise par l'expansion intérieure de la conscience, connectée avec les Lois sublimes de l'existence.

« La Loi de Reproduction n'est pas qu'une Loi biologique considérée dans la perspective étroite de sa fonction; c'est aussi un instrument de la Loi de Solidarité, de la Loi du Progrès et de la Loi de Justice, d'Amour et de Charité, car lorsque l'Esprit passe de génération en génération par l'expérience de la réincarnation entre les Esprits et les corps, en construisant des relations familiales, il partage avec les autres des expériences profondes jusqu'à acquérir pleinement la fraternité universelle.

« Ainsi, la Loi de Reproduction permet aussi à l'Esprit de connaître ses potentialités génésiques comme ange en devenir, et comme agent sublime de la volonté de Dieu et cocréateur avec le Père, dans le respect de Ses décisions divines, dans l'acquisition de la connaissance et du sentiment pur dans la conscience.

« Pour cette raison, il est vital de comprendre la Loi de Reproduction dans son sens et son contenu profonds. Le sexe n'est pas la seule expression de la Loi de Reproduction, le sexe est une manifestation biologique qui se produit par l'intermédiaire d'une relation entre des êtres corporels. Comprise en profondeur et au-delà de sa dimension biologique, la Loi de Reproduction est la Loi de Créativité[4] agissant dans l'Esprit, qui s'unit aux forces de Dieu, et que l'Esprit peut déployer en sentiments, en acquisitions de la pensée et en expressions de la sensibilité, sans se limiter aux formes biologiques.

« Les forces intérieures de l'Esprit, considérées au départ

---

4 Note de l'Esprit Honorio : Nous expliquons le concept de Loi de Créativité comme étant une des lois correspondant à l'attribut de la création propre à l'Esprit en raison de son héritage divin, qui s'exprime par l'intermédiaire des Lois Naturelles.

comme des facteurs de la libido attachée au primarisme[5] des traits ancestraux, s'ajustent plus tard à la Loi de Reproduction, par effort, évolution et progrès dans la connexion intime avec le sens d'utilité de toutes les manifestations de la nature. Ce sens d'utilité est si satisfaisant et fécond que l'Esprit le ressent dans tout ce qu'il réalise en syntonie dans sa conscience avec les Lois Divines; il se sent alors pleinement uni à la création et profondément reconnaissant d'exister et de cocréer avec Dieu. »

Sexe, sexualité et sexualisme

2 –Nous vivons aujourd'hui dans une société extrêmement érotisée, où l'orgasme est devenu un objet de consommation qu'on doit posséder à tout prix. Y a-t-il une quelconque différence entre cultiver sa sexualité et cultiver le sexe, dans un processus manifestement associé à l'érotisme? Comment pouvons-nous comprendre des concepts comme le sexe, la sexualité et le sexualisme?

« L'Esprit a besoin de connaître les mécanismes de motivation intérieure de sa constitution génésique, dans laquelle le centre du plaisir profond est situé dans le sentiment d'appartenance à l'Univers. Quand l'Esprit ne travaille pas cet aspect en lui-même, il se sent détaché de l'existence et cherche, de façon erronée, d'autres sources de plaisir que le plaisir d'évoluer en se sentant enfant de Dieu et travailleur des vertus du cœur.

« Quelle que soit l'attitude que l'Esprit adopte dans son corps, la manifestation d'une productivité amoureuse active ses centres de plaisir fécond et met en mouvement l'intelligence au

---

5 N.D.T. Le primarisme réfère au premier stade de développement ou de perception de l'individu.

service de l'évolution spirituelle. Lorsque cela n'a pas lieu, l'Esprit en vient à chercher ses motifs de plaisir dans des objets extérieurs. De là vient l'érotisme, une manifestation déséquilibrée des fonctions génésiques de l'Esprit, qui ne comprend pas en profondeur les raisons pour lesquelles les fonctions sexuelles sont à sa disposition; il recherche les plaisirs sensoriels et s'abandonne à l'instinct de reproduction d'une façon tellement dénaturée et abusive qu'il corrompt les fils délicats de ses sentiments nobles.

« C'est ainsi que l'érotisme perdure dans la psychologie des incarnés. Au fond, c'est une recherche de complétude et de plaisir, mais ce n'est pas un plaisir qui satisfait et amène la paix. Pour cette raison, il est nécessaire d'établir clairement les définitions de sexe, sexualité et sexualisme.

« Le sexe est une fonction biologique. Une fonction biologique pour laquelle la propre Loi de la Nature dicte la façon adéquate et cohérente de l'utiliser. C'est une fonction nécessaire pour la multiplication des espèces et, dans le cas de l'être humain en particulier, pour assurer la continuité des générations.

« Le sexualisme est le culte indu du sexe. C'est faire de l'acte sexuel et de toutes les manifestations de la libido un but, un faux objectif à réaliser. L'Être Spirituel, dans ce comportement, dénature les mécanismes des engrenages émotionnels et s'abandonne entièrement aux manifestations sensorielles, jusqu'à se vicier lui-même dans le mécanisme profond du psychisme génésique, qui habite son monde intime des sentiments. Plus tard, ce vice se complique avec des fixations très déséquilibrées, faisant en sorte qu'au lieu de s'épanouir, il se sent énormément vide.

« La sexualité, quant à elle, est une manifestation naturelle du processus dans lequel l'Esprit voyage par la réincarnation entre des corps féminins et des corps masculins, d'une fois à l'autre, mais cela n'a rien à voir avec les questions d'érotisme et de vices. C'est plutôt une manifestation des conquêtes que l'Esprit acquiert dans chaque polarité, en apprenant avec ses expériences et en tirant des leçons pour sa propre évolution dans la recherche du bonheur.

« La sexualité n'a rien à voir avec la perversion sexuelle et elle ne se restreint pas aux manifestations de la libido. C'est la somme des expressions uniques offertes par la polarité que l'Esprit habite. La sexualité de la polarité masculine offre une sexualité avec la force, et elle stimule la pensée exacte, la raison, la vigueur, les questionnements et les réflexions, la philosophie et la science. Dans le cas de la polarité féminine, elle stimule les questions de maternité, de sensibilité, des arts et de plusieurs autres manifestations dont l'aspect essentiel est la docilité.

« Étant donné cela, il est très discutable que les individus réincarnés se permettent des manifestations d'érotisme sans comprendre, plus profondément, que tous peuvent posséder dans leur corps, à un moment ou l'autre, une plus grande charge érotique provenant de la nécessité d'amélioration du psychisme génésique à la recherche du sublime, mais le culte des manifestations érotiques est très dommageable pour l'Esprit. Dans ce culte, l'Esprit continue à exacerber les expressions de l'instinct et à étouffer les expressions du sentiment. »

Perversion de l'instinct sexuel

3 – Généralement, seul l'être humain pervertit ses instincts, particulièrement celui lié à la reproduction, en devenant un être sexualiste. Pourquoi cela se produit-il?

« De la même façon par laquelle l'Esprit peut pervertir son intelligence, en l'utilisant pour le mal et en élaborant des plans contraires aux Lois Divines, il peut aussi mal utiliser son libre arbitre et se pervertir sexuellement. À la base, il y a une intention d'entrer en compétition avec le pouvoir créateur de Dieu. Il se pervertit sexuellement, parce que dans l'intimité, il cherche à rivaliser avec la proposition de Dieu à son égard. Rivaliser dans le sens de se rebeller contre une des qualités les plus profondes de Dieu, la Création.

« Par l'action des processus subconscients de l'ego, l'Esprit évite que les vertus se manifestent clairement et que leur expression l'incite aux devoirs de la conscience. Il utilise la perversion sexuelle comme un processus intime qui l'éloigne des Lois Divines, qui le poussent à évoluer. Évidemment, cette perversion sexuelle lui procure un plaisir secondaire, un plaisir qui le distrait des fonctions sacrées du devoir spirituel. En conséquence des plaisirs sensoriels, l'Esprit étourdit sa capacité de discernement et est incapable de se libérer de la perversion parce qu'il ne s'investit pas dans la compréhension des dommages qu'il s'impose.

« Cette perversion sexuelle est amplifiée par les attraits de la matière, par les objets extérieurs qui attirent ses sens et par l'ostentation de la société érotisée qui sature ses perceptions. Comme tout ce qu'il voit, entend et perçoit est une confusion dense, l'Esprit se délecte des infériorités qui sont à la disposition de ses yeux. Cette infériorité n'est autre chose que la production collective des Esprits qui, porteurs de conflits semblables, demeurent dans les passions inférieures où ils se complaisent, sous l'effet des douleurs pénibles de la perversion sexuelle. »

Identité sexuelle

4 – Dans les questions 200, 201 et 202 du Livre des Esprits, les Bienfaiteurs de l'humanité disent que les Esprits n'ont pas de sexe comme nous le comprenons, parce que le sexe dépend de l'organisation physique et que les mêmes Esprits réincarnent parfois dans des corps masculins et parfois dans des corps féminins, selon leur besoin d'évolution. Quelles sont les conséquences de ce fait dans la formation de l'identité sexuelle de l'Esprit incarné?

« Ce n'est pas exact qu'il existe une identité sexuelle; en fait, il existe une identité génésique. L'identité génésique est le résultat des efforts que l'Esprit fait pour comprendre ses manifestations sexuelles dans la polarité féminine et dans la polarité masculine, qui génèrent des expériences féminines et des expériences masculines, respectivement.

« Cette identité génésique, une fois sublimés les niveaux instinctifs présents chez l'humain et celui-ci devenu un pur Esprit, est l'identité génésique de sa création. C'est le patrimoine que l'Esprit utilise pour créer, à partir de tout ce qu'il a retiré des expériences des polarités rendues manifestes par les énergies génésiques : par exemple, en passant par les expériences artistiques, de la sensibilité, de la maternité et par les expériences transcendantales, l'Esprit acquière une identité qui se rattache génésiquement au noyau de sa capacité créatrice. Cette capacité se fixe dans l'Esprit en raison des expériences qu'il a vécues dans les polarités féminine et masculine; dans ce dernier cas, cela se manifeste notamment par le développement de la philosophie, des mathématiques, de la science et des travaux manuels, qui augmentent la capacité cocréatrice dans le domaine concerné.

« C'est pour cela que la créativité est un patrimoine qui existe dans tous les aspects des connaissances humaines, un patrimoine qui peut s'exprimer autant dans les processus des arts que dans ceux des sciences exactes, dans lesquels l'Esprit développe sa capacité intime de connexion créatrice avec Dieu. Son passé dans les expériences de la polarité féminine et dans celles de la polarité masculine contribue à son identité génésique. Il est vrai que les Esprits n'ont pas de sexe, mais ils ont une identité génésique, car nous sommes des enfants de Dieu, et, à cause de cela, nous sommes génésiquement créatifs, sublimement créés avec une essence créative.

« L'identité est une conquête résultant du développement des vertus. La raison d'être du passage des Esprits par des corps masculins et des corps féminins se limiterait-elle à acquérir des expériences dans des sexes différents? Considérant que l'Esprit, après avoir vécu toutes ses expériences, évolue et qu'il ne se sent plus lié à aucun des deux sexes, est-ce que vivre des expériences seulement pour les vivre ne serait pas une négation de la Providence Divine et de Sa sagesse omniprésente qui, en toute chose, procèdent de l'utilité.

« Lorsque nous réfléchissons que l'Esprit ne passe pas par les polarités pour acquérir une identité sexuelle, mais pour acquérir une identité spirituelle, génésique, alors nous comprenons que, en fait, les Esprits n'ont pas de sexe, du point de vue morphologique, mais ils ont spirituellement un lien intime et créateur avec Dieu. Nous parlons d'un attribut, c'est-à-dire d'un potentiel que l'Esprit possède intrinsèquement en lui-même. »

Sexualité et santé intégrale

5 – Quelle est l'importance de la sexualité pour la santé intégrale de l'être humain?

« Elle a une importance vitale. L'être humain, selon sa sexualité, transfère dans la structure des cellules des énergies vitales très importantes pour sa santé intégrale.

« Placé dans un corps pour une expérience évolutive et conformément à la sexualité temporelle propre à ce corps, l'Esprit se connecte avec les fondements des lois intimes de la matière, comme il se connecte avec les fondements intimes des fonctions organiques. Selon le besoin de l'Esprit, le périsprit moule le corps physique et ses caractéristiques.

« Lorsqu'on respecte la sexualité, on parvient, au moyen d'efforts, à constater la valeur de cette expérience merveilleuse et unique qu'est le corps dans cette réincarnation. À partir de cela, l'Esprit ressent un plaisir et une gratitude immenses envers les manifestations que la vie lui offre.

« Évidemment, la sexualité ne diminue pas l'obligation de l'Esprit de répondre à ses questions d'ordre moral, en ce qui concerne la construction de son identité génésique. Il peut survenir que même dans un corps donné, l'Esprit peut se rebeller à l'égard des expériences auxquelles il fait face. Il peut, par exemple, accepter qu'il soit dans un corps masculin ou féminin sans accepter de se comporter de manière masculine ou féminine, et en vient souvent, en fin de compte, à dévier quelque peu de la proposition que la Providence Divine lui fait.

« Cela ne signifie pas qu'il ne doit pas s'exprimer sur ce qui est source de sensibilité ou de réflexion par rapport à d'autres corps. Nous parlons plutôt d'un comportement exagéré de rébellion qui se produit souvent et démontre la nécessité pour l'Esprit de se ressaisir afin de profiter de l'expérience dans ce corps, en apprenant de la sexualité qui y est inhérente. Cette nouvelle attitude lui procurera beaucoup de paix et favorisera sa santé psychologique, émotionnelle et physique. En surmontant ses conflits et en acceptant le corps qui est le sien, dans un sentiment de soumission véritable, l'Esprit ne se rejette pas, mieux encore, il ne rejette pas la demeure physique dans laquelle il est temporairement; et il ressentira davantage de plénitude et de liberté pour agir afin de développer les sentiments. »

2.2 – Sexe et érotisme

Érotisme

6 – De nos jours, plusieurs sexologues, psychologues et psychiatres voient l'érotisme comme un processus normal de l'être humain, qui doit être encouragé. Que peut-on penser de cette opinion?

« Dans la même veine, que penserait un homme intelligent qui recevrait une proposition de traiter son penchant pour l'alcool en encourageant l'alcoolisme ou de traiter sa consommation de drogue en encourageant la dépendance à la drogue? Est-ce que cet homme trouverait dans cela quelque chose d'utile? Est-ce que cela ne susciterait pas une indignation intime des plus vive? Sachez que cela peut se produire chez les personnes savantes des choses de la Terre, mais peu instruites des choses de Dieu.

« Les êtres humains veulent encourager l'érotisme comme si plus de vice était la solution pour se libérer du vice. C'est une compréhension matérialiste des choses. Des aveugles guidant des aveugles tombent ensemble dans le puits. »

Compulsion sexuelle

7 – Plusieurs personnes ont développé des compulsions sexuelles dans lesquelles le sexe guide leur vie. Ces personnes pensent constamment au sexe, le recherchent comme le plus grand besoin de leurs vies et ne sont jamais satisfaites. Quelles sont les raisons psychiques et spirituelles de ce problème?

« La compulsion sexuelle est une manifestation détournée de l'instinct de reproduction. L'être humain naît pour le développement des émotions élevées et des sentiments sublimes, mais il porte encore en lui sa nature instinctive.

« Comme il possède l'intelligence nécessaire pour faire le bien et discerner où est le mal, chaque fois qu'il n'utilise pas son discernement, il finit par être victime des processus automatiques de la matière.

« Dans les cas de compulsion sexuelle, nous constatons que l'Esprit n'a pas travaillé sur la connaissance de soi comme il l'aurait dû, en oubliant de considérer sa nature instinctive et le fonctionnement des attractions relatives au sexe dans son comportement. En fonction de cela, il peut être tombé dans ce mal par mécanisme de mépris ou d'abus de la sexualité. Les deux mécanismes conduisent l'Esprit à entrer dans un très grand mouvement de compulsion.

« Si, par exemple, l'Esprit a abusé de la sexualité, cette compulsion est le résultat des vices créés dans les mécanismes intimes de sa volonté; mais, s'il a méprisé la sexualité, ce mépris est le résultat de ne pas avoir donné une importance amoureuse et lucide à ses instincts, faisant en sorte qu'il réprime sa sexualité et que, par suite de cette répression intime et intense, les mécanismes de la compulsion surgissent dans les comportements.

« Ainsi, l'Esprit crée les racines de la compulsion sexuelle par ces deux mouvements : abus et mépris. Plus l'Esprit s'autoconnaît, s'autorespecte, s'autoaime et s'autovalorise, plus il réussit à comprendre le siège des instincts, les mécanismes intimes que la Loi de la Nature lui a confiés pour un usage adéquat des fonctions sexuelles.

« Il est donc nécessaire de comprendre que, à la base même de la compulsion, on trouve l'Esprit qui se nuit en ne se donnant pas l'attention requise et en faisant, de toute évidence, le contraire de ce qui est le plus adéquat pour son bonheur : nous aimer les uns les autres profondément.

« Quand l'Esprit pratique le désamour, il va de soi que les

fréquences instinctives qui cherchent à se manifester comme de véritables leviers de la création vont susciter des processus automatiques. Quand l'Esprit s'aime et fait des exercices pour développer les sentiments d'autoacceptation et d'autocompréhension de ses pulsions sexuelles, alors la nature instinctive prend une autre dimension dans l'Esprit immortel.

« À ce moment, l'Esprit qui se respecte traite ses questions sexuelles avec une tendresse et un amour profonds; il comprend que ses besoins physiologiques doivent être satisfaits d'une façon ou d'une autre, et que s'ils ne sont pas satisfaits de façon physiologique, alors sûrement ils peuvent être satisfaits de manière psychologique et spirituelle. Les grandes réalisations de l'Esprit, par l'intelligence et par le sentiment, adoucissent les exigences instinctives.

« Ainsi, la racine est exactement dans l'absence d'autoamour et d'autorespect. »

8 – Quelles sont les conséquences pour celui qui se laisse emporter par ce type de compulsion?

« Un grand vide existentiel et un tourment énorme dans le domaine des émotions, car la force de l'instinct est encore très considérable dans l'être humain. C'est comme un étalon indomptable, avançant à grandes enjambées. En l'absence de considération et d'attention, il causera à l'Esprit, de toute évidence, de grandes distorsions émotionnelles, beaucoup de sentiments contradictoires et de grands conflits affectifs.

« L'Esprit ne réussit pas à dompter ni transformer ses sentiments conflictuels, car ils sont intimement reliés à l'état de mépris ou d'abus des questions sexuelles; et c'est seulement en reconnaissant cela avec humilité qu'il pourra apporter les modifications nécessaires à la fréquence instinctive qui influence ses émotions. En synthèse, ce sont des fréquences énergétiques qui se rendent au domaine des émotions, des sentiments et des pensées de l'Esprit.

« Ces fréquences, que nous appelons pulsions instinctives, sont des vibrations infimes, encore imperceptibles à l'être humain, qui donnent des ordres à l'organisme; la finalité de ces ordres est avant tout d'amener l'Esprit à se responsabiliser pour sa propre paix intérieure et, en ce qui concerne les compulsions sexuelles, pour sa paix à l'égard de sa propre sexualité. »

9 – Quelles actions la personne qui a un tel problème peut-elle réaliser pour s'en libérer?

« S'accepter avec ses besoins instinctifs autant qu'avec ses potentialités angéliques. Lorsque nous nous acceptons avec nos besoins instinctifs, nous nous accueillons, nous prodiguons de la charité et de l'amour à nos manifestations physiologiques. Nous sommes alors véritablement indulgents et nous comprenons que ces manifestations génésiques existent dans le comportement et ne sont pas détachées des Lois Naturelles. Mais le conflit que nous ressentons n'a rien à voir avec les Lois Naturelles de la reproduction ni avec l'instinct de reproduction. Il découle du manque d'attention envers les questions intimes reliées aux sentiments, c'est-à-dire quand l'Esprit vit une difficulté dans le domaine sexuel et sent une compulsion sexuelle impétueuse; ce n'est pas l'instinct lui-même qui le maltraite, mais c'est l'Esprit qui néglige d'utiliser son intelligence au bénéfice de ses propres sentiments en accueillant l'instinct comme il se doit.

« Nous comprenons que l'instinct est, avant tout, une manifestation des Lois Divines. C'est un attribut de l'Esprit en accord avec la Loi, mais l'Esprit ne va pas le sublimer seulement pour comprendre cette vérité. Nous commençons à sublimer nos instincts sexuels lorsque nous leur donnons une importance affective, c'est-à-dire que nous donnons une importance affective à notre union qui nous épanouit sexuellement avec une personne, dans le respect des Lois Divines, de notre physiologie et de notre structure corporelle. Lorsque nous respectons cela et que nous nous donnons toutes les attentions requises, nous pouvons nous unir, particulièrement en termes affectifs. Cela comprend l'attention à donner aux énergies génésiques profondes, qui sont latentes dans l'Esprit, et qui cherchent à créer et peuvent être transformées en œuvres sublimes de l'intelligence. C'est l'autre mécanisme sain pour sublimer la compulsion sexuelle. »

Inceste

10 – Un des problèmes sexuels les plus aberrants est l'inceste. Dans plusieurs cas, des pères vont jusqu'à violer leurs propres filles, des mères séduisent leurs fils. D'autres filles donnent leur consentement parce qu'elles se sentent attirées sexuellement par leurs pères ou des fils, par leurs mères, établissant ainsi des relations incestueuses réciproques. Il y a aussi des frères et des sœurs qui s'éprennent de passions et ont des relations sexuelles les uns avec les autres, parfois sans consentement de l'un d'eux. À quoi doit-on un tel problème ?

« C'est dû à un grave vice sexuel de l'Esprit. Cela n'a rien à voir avec la Loi de Réincarnation. Lorsque l'Esprit réincarne dans une famille donnée en occupant une certaine place dans le noyau familial, comme enfant, frère ou sœur, père ou mère, il est invité par la Loi de Justice à exercer ses fonctions de père, mère, frère, sœur ou enfant. Ainsi, les relations incestueuses concernent deux aspects des vices que les Esprits conservent en eux-mêmes.

« Le premier aspect est le vice sexuel : affecté par les manifestations égoïstes du sensualisme, l'Esprit ne voit plus dans l'autre la dimension fraternelle et n'est pas à l'écoute des émotions, se livrant entièrement au vice. Le deuxième aspect est le vice émotionnel. L'Esprit, ayant vécu différentes relations dans ses réincarnations antérieures, n'a pas compris qu'il est dans une nouvelle réincarnation et conserve ce double vice : celui lié à la question sexuelle et celui lié à la question affective. Pourtant, nous savons que les émotions peuvent rendre malade et que la possessivité et la jalousie sont des manifestations maladives des émotions.

« Dans le cas des membres d'une même famille qui s'attirent volontairement, l'Esprit réincarné dans une place différente au sein de la famille conserve malgré cela ses vices sexuel et émotionnel et se croit en droit de maintenir des unions inadéquates avec ses proches.

« C'est une situation grave pour l'Esprit, car en plus de faillir à l'inviolable Loi spirituelle des Familles, il lèse sa propre conscience. Lorsqu'il s'en rendra compte et se ressaisira en proie à un profond remords, il perdra le droit à toute excuse basée sur le manque de connaissance, car la structure même de la famille est façonnée par la Loi de Fraternité; lorsque l'Esprit réincarne dans un rôle de père, mère, enfant, frère ou soeur, cette Loi invite clairement l'Esprit à s'y plier et à l'accomplir, en développant des sentiments nobles, conformes à la situation. »

11 – Quelles conséquences attendent ceux qui se laissent emporter par ce type de relation?

« D'une certaine façon, nous avons déjà répondu à cette question, mais nous pouvons ajouter que ce sont des conséquences de graves tourments psychologiques pour l'Esprit, qui naîtra dans de prochaines réincarnations avec des troubles atroces de la libido et des troubles mentaux.

« Ceci découle du mauvais usage de la sexualité, comme du mauvais usage des fonctions affectives que l'Esprit était invité à assumer dans la tâche familiale. En utilisant la relation avec un proche de façon incestueuse pour son propre plaisir, il se crée des tourments mentaux intenses. »

12 – Quelles actions la personne qui a un tel problème peut-elle réaliser pour s'en libérer?

« Elle doit, le plus tôt possible, admettre que les penchants en elle sont graves et rechercher une aide psychothérapeutique et une aide spirituelle.

« L'aide psychothérapeutique vise à travailler ses émotions, à comprendre à quelle profondeur ses conflits sont enracinés dans sa psychologie; l'aide spirituelle vise à comprendre, dans la perspective de l'Esprit immortel, quelles sont les manifestations et les racines d'où proviennent ces vices. L'aide spirituelle est l'aide de la connaissance que le Spiritisme offre. Cette connaissance est profondément nécessaire afin de s'auto-observer et, au-delà de la dimension corporelle, s'analyser soi-même ainsi que l'autre comme Esprits immortels. Ce sont deux aides fondamentales.

« Cependant, si, malgré cela, l'Esprit continue à vouloir porter un masque et à croire qu'il peut tout résoudre simplement parce qu'il le désire, en se justifiant et en évitant une autoanalyse profonde, il ne réussira pas à résister aux pulsions qui l'habitent au milieu des sentiments intimes déformés; il pourrait alors dévier, tôt ou tard.

« Le problème grave est que peu de personnes admettent ce type de déviation et, parmi ceux qui l'admettent, moins encore perçoivent que c'est seulement par une volonté ferme et profonde qu'ils pourront se libérer d'un tel vice. »

Fantaisies sexuelles

13 – Parmi les conseils que plusieurs sexologues offrent, les fantaisies sexuelles sont suggérées comme stimulants pour éviter la monotonie sexuelle. Quelles conséquences spirituelles peuvent découler de la pratique systématique de ces fantaisies?

« Des conséquences très grandes d'ordre émotionnel, car ces fantaisies empêchent une véritable réalisation sexuelle.

« La réalisation sexuelle est celle dans laquelle des partenaires, en amour profond et en union d'affection, s'attirent et se sentent proches l'un de l'autre grâce à une affectivité véritable.

« Les fantaisies sexuelles n'ont rien à voir avec le sexe sain; ce sont plutôt les manifestations de créations intimes, très souvent liées à des conflits intérieurs qui poussent les Esprits à cesser de rechercher l'essentiel, sous prétexte de provoquer des changements dans la relation et d'obtenir une vie sexuelle saine. Avec ces pratiques, les Esprits vivant en couple en viennent à s'éloigner.

« Remarquez que nous utilisons souvent le terme Esprit, car nous devons commencer à penser comme des Esprits immortels pour lesquels la fonction sexuelle est un instrument et non la finalité. Quand nous nous considérons comme les Esprits immortels que nous sommes, cela ajoute une dimension d'utilité à la fonction sexuelle, bien différente de la fantaisie que femmes et hommes réincarnés recherchent à tout prix. Ce n'est pas la fantaisie qui leur apportera la paix et la réalisation, mais précisément la recherche intime de respect, d'affection et d'acceptation, au moyen des outils que les Esprits lucides mettront à l'œuvre au moment de l'union sexuelle.

« Quels sont ces outils sinon ceux de l'amour véritable, s'exprimant de façon affectueuse dans une véritable relation d'union de l'un avec l'autre. Quand l'être humain recherche les fantaisies, il ne réussira qu'à fantasmer; il ne réussira pas à vivre des relations réelles et, de toute évidence, cela ne produira qu'une frustration après l'autre. »

Masturbation

*14 – Une autre pratique encouragée est la masturbation, appe-
lée autoérotisme et vue comme fondamentale par les sexologues
pour que la personne connaisse son propre corps. En analysant
la question du point de vue spirituel de la sexualité, y a-t-il un
problème avec la pratique de la masturbation?*

« De la même façon par laquelle l'Esprit doit se sublimer pour ne pas se fixer dans les fantaisies, l'Esprit est aussi convié à sublimer la pratique de la masturbation, également appelée ona-nisme, parce que l'Esprit conserve en lui une culpabilité à l'égard du corps, en conséquence des expériences des siècles passés, comme dans les sociétés médiévales. Le corps est un patrimoine sublime, et il est fondamental de le connaître. Cependant, le pro-blème de l'onanisme est le vice que cette pratique produit dans la psyché. De la même façon dont il faut répondre aux besoins du corps, il faut répondre aux besoins de l'Esprit, et la pratique de l'onanisme amène l'individu à un état de torpeur temporaire de ses sentiments les plus délicats et de ses émotions les plus sensibles.

« Pourquoi disons-nous cela? À la différence de l'acte sexuel, dans la pratique de l'onanisme, l'individu n'échange pas d'expériences affectives avec une autre personne. Il se manifeste de façon intime dans ses fantaisies.

« C'est un autre niveau de fantaisie, une fantaisie intime de la pensée, qui n'apportera pas la plénitude ni la réalisation heu-reuse de soi-même. Il est important que l'Esprit évite de pratiquer l'onanisme, car si on comprend que le corps a évidemment son propre mouvement organique et qu'il répond à ses pulsions instinctives pour produire l'activité sexuelle, l'onanisme est à peine une forme de distraction et non une véritable attention donnée à soi-même.

« La pratique de l'onanisme paraît inoffensive à plusieurs, car l'Esprit ne fait rien aux autres et très peu à lui-même, en cherchant à comprendre comment fonctionne son corps et en générant l'autoplaisir. Mais nous parlons ici des questions plus profondes, des questions émotionnelles qui ont du sens et favorisent la paix pour l'Esprit.

« L'Esprit est invité à développer des sentiments nobles, des qualités qu'il parviendra à atteindre seulement par la sensibilité. La pratique de l'onanisme ne permet pas cette sensibilité à l'Esprit; elle le distrait et engourdit ses sentiments les plus élevés.

« C'est tout de même naturel que, dans ses premières années de puberté, l'Esprit veuille connaître son corps et savoir comment il fonctionne. Cependant, il est important pour les éducateurs, pour les parents et, en général, pour les adultes de comprendre que l'onanisme ne manifeste à aucun moment et d'aucune façon une vitalité sexuelle, et que cela peut au contraire causer, plus tard, un vice et une compulsion chez un individu qui ne réussirait pas à cesser cette pratique et qui vivrait des conflits toujours plus grands; faute de se respecter de la bonne façon, il se martyriserait. Rien de moins! Du point de vue spirituel, l'onanisme est un type d'autoflagellation, car l'Esprit nie sa capacité d'évoluer et d'élever ses sentiments, et se contente à peine de ce que son système sensoriel produit : des sensations primaires.

« Nous disons donc, dans la perspective de l'Esprit immortel, qu'il vaut mieux chercher à développer l'affectivité dans les questions nobles de la vie ou à l'égard de quelqu'un; c'est seulement comme cela que l'Esprit travaillera sur ses fonctions sexuelles. Il peut d'ores et déjà commencer à développer ses potentialités génésiques dans la vie, par l'effort de l'intelligence et par la pratique de la charité et de la solidarité fraternelle, qui nourriront le plaisir véritable, que la pratique de l'onanisme ne lui procurera pas. »

Pornographie

15 – Une pratique souvent utilisée comme stimulant dans le sexualisme est la pornographie, auparavant limitée aux livres, aux revues et aux films qui étaient généralement difficiles d'accès. De nos jours, elle a pris une ampleur jamais vue avant dans l'histoire de l'humanité, par l'intermédiaire d'Internet, qui la rend facilement disponible à tout instant et à tous, incluant les enfants et les adolescents. Il y a des millions de personnes sur la Terre qui sont viciées par la consommation de pornographie sur Internet, qui passent des heures à naviguer sur les sites de sexe. Quelles conséquences a cette pratique sur la santé physique, psychique et spirituelle des personnes?

« Au niveau de la santé physique, il y a une usure importante du fluide vital, de même que pour la santé psychique, car c'est le mental qui produit la réalité en toute chose.

« La quête des sujets de pornographie n'est pas nouvelle, elle est très ancienne. Cependant, compte tenu des proportions qu'elle prend actuellement et de la facilité d'accès, lorsque les Esprits entrent dans le niveau psychique de la pornographie, au lieu de travailler de façon saine leurs fonctions sexuelles comme ils y sont invités, ils entrent également dans le niveau psychique des Esprits pornographiques provenant de régions spirituelles où dominent la pornographie et les aberrations sexuelles très complexes. Nous pouvons dire que ce sont aussi des aberrations obsessives, mais n'oublions pas que ce sont les Esprits incarnés eux-mêmes qui attirent les obsesseurs.

« Dans ces régions, les Esprits se complaisent énormément dans tous les types de pornographie. Cela provoque en eux un état très grave dans le domaine du sexe, car tant que l'Esprit ne réussit pas à se libérer de la pornographie, il stimule les autres à faire comme lui, tôt ou tard. Or, c'est comme si une personne dépendante des drogues devenait un trafiquant; cela aggrave la situation personnelle de l'Esprit.

« L'Esprit commence à se pervertir lui-même, mais il n'arrêtera pas là. Son vice s'amplifie sans cesse et l'Esprit recherche davantage de fantaisies et d'histoires qui lèsent complètement son noyau individuel. Plus tard, il incitera d'autres individus au vice.

« Le problème n'est pas Internet, qui n'est que le moyen. Le problème grave est comportemental. Si la personne vicieuse cherche à être vertueuse, les moyens employés lui fourniront des contenus en conséquence. Ces contenus, qui remplissent les moyens de communication, sont produits par l'ensemble des Esprits qui s'y intéresse.

« Il faut se changer soi-même, changer ses façons de penser, car la pornographie maintient l'attention de millions d'Esprits désincarnés figés dans une grande douleur et dans la souffrance.

« Ces Esprits errent en influençant les hommes et les femmes dans toutes les couches de la société, incluant des religieux et des spirites. Cependant, il faut souligner que plus la connaissance de l'Esprit est grande, plus grave est sa situation. Pour les spirites en particulier, la pornographie devient une situation de grande douleur, car ils connaissent leur réalité spirituelle, et savent qu'ils ne pourront d'aucune façon éviter les conséquences dans le monde spirituel en prétendant ne pas être informés des conséquences. »

Sexe virtuel

16 – Un autre phénomène qui a pris une très grande proportion est ce qu'on appelle le sexe virtuel, réalisé par l'intermédiaire d'Internet, dans lequel se mélangent des fantaisies sexuelles et des pratiques onanistes dans le but de donner une satisfaction réciproque. Plusieurs personnes mariées utilisent cette façon de faire pour établir des relations extraconjugales, en estimant que des rencontres virtuelles ne constituent pas une trahison. Que devons-nous comprendre de cette pratique sexuelle, en prenant en considération les facteurs spirituels profonds relatifs à la sexualité?

« Il faut comprendre que la trahison n'est pas dans les comportements externes, elle commence dans la pensée. Cette pratique démontre qu'il est nécessaire de chercher Jésus, avant tout pour illuminer nos comportements quotidiens.

« N'est-ce pas le Maître qui a dit que : *Celui qui regarde une femme pour la désirer a déjà commis l'adultère dans son cœur?* Alors celui qui convoite la femme de son prochain a déjà commis l'adultère par la pensée. Cette phrase du Maître prend beaucoup de sens de nos jours. La pratique par l'intermédiaire d'Internet n'est que le moyen, ce qui est réellement en question est l'attitude individuelle de chacun.

« Tout comme l'onanisme qui ne réalise pas et qui n'épanouit pas, les fantaisies sexuelles ne réalisent pas et elles n'épanouissent pas. La pratique du sexe virtuel ne réalise pas davantage. Au contraire, elle produit un grand vide existentiel, tel que mentionné précédemment, parce que l'individu recherche l'autoplaisir, au lieu de rechercher un plaisir sexuel sain, grâce à une relation affective entre des partenaires qui se respectent, s'aiment et se désirent mutuellement, pas seulement pour la relation sexuelle, mais pour un échange profond d'affection, de solidarité et d'amour.

« Nous constatons que l'égoïsme est derrière différentes pratiques comme celle-ci. L'égoïsme éloigne les personnes et fait en sorte qu'elles recherchent des biens pour elle-même au détriment des autres. C'est l'égoïsme qui incite à de tels comportements, car bien que les personnes veuillent être près les unes des autres, elles ne souhaitent pas s'engager affectivement. Cela fait de ces mécanismes de simples moyens de satisfaire le corps sans générer une véritable satisfaction spirituelle.

« En raison de cela, des couples, ayant atteint un certain âge sans trouver de satisfaction sexuelle ensemble, utilisent les découvertes pharmaceutiques pour la virilité, afin d'avoir, comme s'ils pouvaient revenir dans le temps, des pratiques sexuelles étranges et absurdes, sans égard au fait que leur âge demande une attention encore plus grande à l'affectivité, souvent sans sexe : être seulement un près d'un autre, en s'aimant, en se comprenant et en se respectant. »

Rêves érotiques

17 – Une autre pratique vue comme naturelle par les sexologues est ce qu'on appelle le rêve érotique, encouragé comme étant une habitude saine d'expression de la sexualité. Nous savons que le sommeil permet l'émancipation de l'Esprit, qui se dégage temporairement du corps et se transporte dans la vie spirituelle. Quelle relation existe-t-il entre l'émancipation spirituelle et les rêves érotiques? Est-ce que ce sont de simples fantaisies sexuelles ou bien le résultat de rencontres sexuelles réalisées hors du corps avec des personnes incarnées ou désincarnées?

« Les rêves dits érotiques ont deux causes : une intime et l'autre obsessive. Il y a une différence quand le rêve est d'ordre personnel et quand il est de nature obsessive.

« La première cause est reliée à l'Esprit lui-même, qui, par suite de mouvements intimes de répression, ne parvient pas à travailler comme il se doit la question sexuelle, que ce soit pour des motifs culturels, de tradition familiale ou d'obligation religieuse. En conséquence, il méprise ce sujet, mais il ne peut faire fi des pulsions que son organisme lance vers le mental, qui est un instrument de l'Esprit; il rejette ces images mentales dans le subconscient, et durant le sommeil, le subconscient libère ces contenus sous la forme de rêves, qui sont réprimés par l'individu, mais qui visent à l'amener à donner de l'attention à ce qu'il doit sublimer, transformer ou utiliser adéquatement dans l'expression de ses fonctions sexuelles.

« Dans l'autre cas, les personnes se lient spirituellement avec les régions inférieures de l'erraticité, où les Esprits associés aux vices sexuels les attirent. Ces individus en viennent à participer à ces groupes presque toutes les nuits. Ces liens sexuels gravent chez l'individu des souvenirs de ses expériences extracorporelles et, lorsqu'il retourne à son corps, il s'en souvient sous forme de rêves.

« Lorsqu'on a affaire à des obsessions sexuelles, cela peut empirer avec le temps, car, dans ces obsessions, l'Esprit incarné est attaché aux vampires de la spiritualité, c'est-à-dire des Esprits très associés au sexe et capables de vicier les fluides des incarnés. Ces situations peuvent laisser l'individu longtemps dans un état de grande perturbation émotionnelle. Après sa désincarnation, une fois retourné dans le monde spirituel, l'individu aura beaucoup de difficulté à trouver sa paix spirituelle, car il sera emporté vers les régions auxquelles il se sera uni si souvent pour entretenir des amitiés indues.

« Une cause autant que l'autre doit faire l'objet de travail personnel. L'important pour distinguer chaque cas est d'observer dans quel état psychologique l'individu se réveille. »

18 – Si quelqu'un a eu un rêve érotique, quels sont les signes à observer à son réveil pour discerner s'il s'agit de conflits intimes ou s'il était émancipé de son corps et sous l'action obsessive des Esprits pervertis par le sexe?

« Avant tout, quelle que soit l'origine du rêve érotique, il est fondamental de considérer que l'individu doit s'améliorer dans le domaine des pensées reliées à ce que signifie pour lui une sexualité saine en vue de son bonheur.

« Que ce soit un conflit intime ou un contact avec le monde spirituel inférieur, tout rêve de nature érotique est une invitation à l'Esprit à améliorer ses valeurs morales et à percevoir comment ses pensées fonctionnent et quels sont les mécanismes qui déterminent ses champs d'intérêt au quotidien.

« Pour parvenir à investir le mental, le rêve érotique doit être soutenu par un désir profond d'érotisme. Ce désir peut se manifester à la conscience ou être réprimé, en continuant à se manifester à partir du subconscient. D'une façon ou d'une autre, le désir d'érotisme dans ses pratiques sexuelles vient de l'absence d'une compréhension réelle de la sexualité et du sexe comme patrimoine de l'équilibre et du bonheur de l'être.

« Dans le cas des Esprits qui s'efforcent de faire le bien et de développer leur vie spirituelle, un rêve érotique de temps à autre durant le sommeil du corps peut motiver une réflexion sur le besoin d'approfondir consciemment ces questions, en évitant de laisser à la fragilité de sa propre nature le soin de résoudre le problème, car il est nécessaire pour l'Esprit de savoir quoi faire avec ce qu'il a lui-même créé dans son mental.

« Il ne s'agit pas seulement d'influences mentales, mais d'exigences biologiques qui créent, dans le mental, des fantaisies et des idées associées au sexe, et l'Esprit doit interpréter ces exigences biologiques selon l'amplitude de sa capacité morale, et en appliquant les codes qu'il utilise dans son mental. Le corps ne produit pas nécessairement de rêves érotiques, contrairement à ce que pensent certains à propos de la libido. Ce qui cause véritablement ces rêves érotiques est issu des sentiments mal contenus.

« Cela signifie que, indépendamment du fait qu'il s'agisse d'émancipation du corps ou d'expression intime du subconscient, l'Esprit est convié à faire un voyage intérieur et un processus thérapeutique pour accueillir ses conflits, ses désirs et ses attentes, et à les travailler avec un flot d'amour constant, en faisant le bien et en pratiquant l'autoanalyse dans le respect de ses sentiments. »

Promiscuité sexuelle

19 – Quelles sont les conséquences des pratiques comme l'échangisme (que ce soit sous le regard ou non du conjoint), les orgies ou les soirées de sexe libre (c'est-à-dire des soirées de recherche d'un partenaire pour être infidèle, sans culpabilité, puisque vécues avec l'accord du conjoint) qui sont si communes de nos jours?

« Ces pratiques sont une manifestation des anciennes bacchanales romaines. Nous constatons que les Esprits ont changé de corps, mais qu'ils n'ont pas modifié leurs comportements. Ils continuent à profiter des possibilités que leur offrent leurs corps, non pas pour évoluer, mais pour laisser davantage de place aux vices du sexe. C'est une triste manifestation d'un mauvais usage du libre arbitre qui, au lieu de favoriser la dignité, la fidélité et l'intégralité dans les relations, choisit de se fixer dans des orgies privées.

« C'est la domination de la nature instinctive qui se poursuit au détriment de la nature émotionnelle. Ce n'est pas parce qu'un couple dit accepter une pratique ou une autre qu'il n'y a plus d'engagement sérieux entre les conjoints et entre ceux qui sont concernés. Il ne s'agit pas d'une véritable union conjugale, mais à peine de deux individus qui sont ensemble et se maintiennent dans la perversion en poursuivant leur vie de libertinage.

« C'est très important de comprendre la fonction sublime du mariage. Si elle n'est pas comprise, alors elle ne sera pas vécue. Ces pratiques démontrent la faillite des Esprits dans ce domaine, dans le mariage comme dans le sexe. »

Érotisation de l'enfance

20 – Un des grands problèmes de l'érotisme, dans la société actuelle, est l'érotisation de l'enfance, où les enfants sont soumis très jeunes à des activités érotisantes, comme les feuilletons télévisés, le sensualisme des éducatrices, les publicités et même les dessins animés. Quelles sont les conséquences pour l'enfant de cette exposition sexuelle excessive?

« Une triste confusion autour de la signification réelle du sexe. L'enfant, influencé par les stratégies des médias tout puissants, assimile le monde des adultes sans avoir la compréhension et le discernement des adultes. La responsabilité est grande pour les parents qui permettent à leurs enfants de voir des contenus qui ne sont pas sains même pour des adultes, et encore moins pour des enfants.

« Lorsque, après avoir atteint l'âge de la puberté, un enfant exprime ses premiers questionnements sur ce sujet, il est nécessaire d'avoir avec lui un dialogue réflexif, fondé sur le point de vue spirite au sujet de l'Esprit immortel, afin qu'il comprenne à quel point est belle, saine et sublime la pratique du sexe faite avec amour, avec respect et dans une démarche conjointe.

« Cependant, pour l'enfant, des sujets de cette nature

exposés dans les médias ou abordés dans des conversations avec des adultes n'apporteront rien d'utile ni salutaire; au contraire, cela pourra être source de grands conflits une fois qu'il sera devenu adulte, car ayant acquis dès son enfance des informations sur le comportement des adultes, il n'aura pas la sagesse de vérifier ce qui lui sera personnellement utile dans sa vie. Cet enfant, une fois devenu adulte, sera mal préparé à faire face aux manifestations naturelles du sexe, car il aura appris par le biais des distorsions érotisantes, qui n'ont rien à voir avec la véritable fonction génésique de la vie. »

Sexe précoce

21 – Une autre conséquence de l'érotisme exacerbé est la pratique du sexe de plus en plus jeune, avec ses graves distorsions, comme les grossesses durant l'adolescence, la maternité assumée dès l'âge de 12 ou 13 ans, l'avortement, légalisé ou non, et la promiscuité sexuelle entre jeunes. Quelles sont les conséquences spirituelles d'une telle pratique sexuelle?

« La même conséquence dont les sociétés effondrées ont souffert quand elles ont fait prévaloir des déséquilibres de tout genre, promus par des mouvements hédonistes, et annihilant les valeurs sacrées de la famille, dans l'Empire romain, ou les valeurs profondes, dans la Grèce antique.

« Ce sont des conséquences désastreuses qui, malgré tout, seront réparées, tôt ou tard, lorsque les hommes et les femmes comprendront la fonction essentielle de l'enfance et la fonction fondamentale du sexe.

« Dans aucun pays ni dans aucune culture, on ne peut considérer que de jeunes filles de 13 ou 14 ans ou même plus jeunes sont préparées à la fonction sexuelle ou à la maternité. Ce sont des mouvements imposés le plus souvent par les traditions et, en Occident, par les contraintes économiques.

« Tant que les parents n'éduqueront pas profondément leurs enfants à la pratique des vertus comprises dans le contexte de la présence de Dieu dans nos vies, toute l'attention demeurera orientée vers l'acquisition de biens matériels.

« Aussi incroyable que cela puisse paraître, ce phénomène n'est pas une cause, c'est un effet. En effet, plusieurs jeunes filles en viennent à de telles pratiques trop tôt, car elles sentent un manque de soutien et d'éducation de la part de leur famille et se compromettent sans avoir aucune idée des conséquences sérieuses que cela aura.

« Ceux qui ont davantage d'informations et de connaissances sur les conséquences sociales de ces pratiques ont la responsabilité de donner des éclaircissements aux différents membres de la société pour que s'établisse un réseau d'information en faveur du bien-être de la famille et du bien-être émotionnel des enfants.

« De plus, nous observons que plus un pays est pauvre économiquement, plus les indicateurs à ce sujet sont inquiétants. D'où peut venir le lien entre, d'une part, la misère et la pauvreté et, d'autre part, un plus grand taux de natalité chez les jeunes filles de 12 à 14 ans, par exemple? Après avoir exprimé ses émotions durant les premières années de sa puberté, la jeune fille en vient à vouloir imiter la vie des adultes et croit posséder l'assurance démontrée par ceux-ci. Plusieurs ouvrent leur affectivité pour assimiler ce à quoi elles ne sont préparées d'aucune façon, et elles se laissent emporter par la confusion des influences sociales.

« C'est une tâche très minutieuse pour les parents de devoir vérifier dans quelle situation se trouve leur enfant, car les nombreux avortements avec toutes leurs conséquences découlent d'un manque de compréhension de l'être immortel que nous sommes et pour lequel nous sommes sur la Terre. C'est pour cette raison que le Spiritisme est si important pour clarifier la fonction de l'Esprit sur la Terre. Même lorsque les conditions sont difficiles, il permet de comprendre le sens de la vie et les questions existentielles. »

2.3 – Homosexualité et homosexualisme

Causes de l'homosexualité

22 – Selon la question 201 du Livre des Esprits, un même Esprit peut réincarner comme homme et comme femme. Plusieurs disent que cela expliquerait pourquoi une personne peut ressentir une attraction sexuelle pour un individu de même sexe : l'Esprit ayant réincarné plusieurs fois de suite dans un corps de sexe féminin ou masculin ferait l'expérience d'une réincarnation comme homme ou comme femme, respectivement. Quelle est la préparation d'un Esprit qui a réincarné plusieurs fois de suite comme femme avant sa réincarnation comme homme, et inversement? Est-ce réellement là la cause de l'homosexualité?

« La préparation est minutieuse. Lorsqu'il s'agit d'une réincarnation bien programmée avec l'acceptation consciente de l'Esprit, il réalise plusieurs études pour assurer le succès de l'entreprise. L'Esprit, lorsqu'il va réincarner dans l'autre polarité, comprend tous les mécanismes de cette polarité, étudie le fonctionnement physiologique des organes, le périsprit et aussi les pulsions de cette polarité. De plus, il étudie la sociologie, l'anthropologie et la psychologie de la formation de cette polarité dans l'histoire de l'humanité, depuis ses manifestations primitives jusqu'à aujourd'hui et également le destin de cette polarité dans le futur.

« En étudiant ces questions, l'Esprit apprend aussi que, par l'intermédiaire des expériences dans l'autre polarité, il développera les qualités nécessaires et que, d'aucune façon, il ne subira de perturbation sexuelle du fait de sa polarité, car ce n'est pas le fait de réincarner dans une polarité ou une autre qui amène l'individu à rechercher l'homosexualisme.

« Le même processus minutieux ne se produit pas quand l'Esprit est soumis à une réincarnation imposée. Dans ce cas, ce qui détermine l'expérience dans l'autre polarité est la nécessité urgente de satisfaire, dans sa conscience, les Lois Divines, que les caractéristiques de cette polarité détermineront dans sa nature et son caractère.

« La Terre est peuplée de cultures qui perpétuent l'ignorance des droits et des devoirs des hommes et des femmes. Plusieurs de ces cultures énoncent que la femme doit être réprimée et rabaissée, encourageant ainsi les appétits sensualistes et les caprices personnels des hommes.

« Or, l'organisation de la culture sur la Terre est un processus dans lequel l'omniscience divine sait ordonner les expériences de chaque Esprit en réincarnant dans des pays où l'influence culturelle exerce un grand impact afin qu'il s'éveille aux valeurs méprisées.

« Un Esprit de nature machiste dans ses comportements sera attiré à réincarner plusieurs fois dans la polarité féminine dans des pays où la culture machiste domine les pensées, afin de ressentir dans sa propre expérience les attaques contre les concepts qu'il conserve au fond de lui. C'est la Providence et la Prévidence Divines[6] qui ajustent toutes les choses dans les moindres détails.

---

6 N.D.T. : La Prévidence Divine correspond à la présence amoureuse de Dieu dans la vie de chaque Esprit immortel par l'intermédiaire des Lois Divines, ou Lois Naturelles, qui sont inscrites dans sa conscience et qui l'orientent sur ce qu'il doit faire ou non dans ses différentes actions afin d'accéder au bonheur. La Providence Divine est la sollicitude de Dieu envers Ses créatures manifestée en toute chose et en toute circonstance de la vie, même la plus infime.

« Si l'homosexualité était le résultat du fait de réincarner dans une polarité différente, l'individu serait prédestiné en vertu d'une loi à être homosexuel, mais cela ne se passe pas ainsi. L'Esprit se lie à l'autre polarité pour générer des apprentissages. L'homosexualité est une autre question. »

23 – Quelles sont réellement les causes spirituelles de l'homosexualité et de l'homosexualisme?

« En termes spirituels, l'homosexualité se produit d'une manière assez différente de ce que les psychologues, les psychiatres et les chercheurs sur les comportements en disent, de nos jours, sur la Terre.

« L'Esprit n'a pas de sexe. Sa polarité essentielle[7] est, dirons-nous, unie à celle du Créateur et, passant par des corps masculins et des corps féminins, il acquiert des expériences de toute sorte.

« Lorsqu'il est dans une polarité donnée, l'Esprit exerce constamment son libre arbitre. Le défi commence lorsqu'il décide de se vicier psychiquement en exagérant et en abusant du sexe, dans cette polarité.

« Nous constatons que la question n'a rien à voir avec la polarité, mais elle découle de l'abus que l'Esprit a décidé de faire dans cette polarité. Il vicie son psychisme par sa deuxième nature, c'est-à-dire sa nature corporelle, que l'Esprit croit être sa véritable nature.

« Ainsi, en étant incarné, l'Esprit croit être femme ou il croit être homme. C'est une illusion que le propre Esprit déve-

---

7 Note de l'Esprit Honório : Les termes « polarité essentielle » signifient l'équilibre profond entre l'*animus* et l'*anima* de l'Esprit. C'est la conquête de l'Esprit qui a déjà sublimé ses caractéristiques masculines et féminines séparément et les a unifiées dans leur essence.
Note du directeur de publication : Selon la théorie de Carl Gustav Jung (1875-1961), la composante féminine de la personnalité de chaque être humain est l'*anima*, et sa composante masculine est l'*animus*.

loppe en lui-même d'une réincarnation à l'autre, en ayant toujours l'occasion de réparer son erreur. Cependant, il peut arriver que l'Esprit continue à se vicier plus chaque fois. Dans ce cas, il sera obligé de revenir dans l'autre polarité pour entreprendre, par l'expiation, sa véritable réparation. Il est légitime de penser que ce n'est pas naturel qu'un Esprit qui se vicie dans une polarité doive aller rapidement dans l'autre polarité. Il peut poursuivre dans la même polarité, tout en étant invité par les Lois de Réparation à corriger le vice, mais s'il ne répare pas et qu'il se vicie plus profondément encore, alors vient un moment où il doit respecter la polarité que l'Esprit n'a pas su valoriser.

« Par exemple, un homme peut se vicier dans l'hétérosexualité, en ayant des relations sexuelles avec plusieurs femmes sans les respecter, jusqu'à ce que ça devienne une constante dans sa vie et qu'il aggrave le vice psychique, réincarnation après réincarnation. Lorsque cet Esprit réincarne dans l'autre polarité pour apprendre à valoriser le patrimoine féminin, son psychisme est vicié et, ainsi, sa psychologie ne réussit pas à penser en fonction de la psychologie féminine en ce qui a trait au sexe; il continue à penser avec la psychologie masculine parce que la Loi est inéluctable, et l'individu doit se responsabiliser pour ses choix dans l'utilisation de son libre arbitre. Dans ce cas, le corps féminin n'est pas une punition, mais une invitation à apprendre. L'Esprit, vicié sur cette question, pense de manière différente et, au lieu d'accepter la sexualité de la polarité féminine, il continue à chercher à nouveau des partenaires féminins, c'est-à-dire de la même polarité que la sienne, dans la promiscuité.

« Il en va de même pour l'homosexuel masculin. L'Esprit, qui était dans des corps féminins au cours de ses dernières réincarnations, a beaucoup perverti cette polarité et conserve cette même attitude psychologique par rapport au sexe, même s'il est dans un corps masculin dans la présente réincarnation. Il peut avoir des comportements masculins dans la polarité actuelle, mais en ce qui concerne le sexe il ne peut se dominer et continue à être sous l'influence de ce vice.

« C'est exactement en comprenant le corps dans lequel il est maintenant ainsi que les fonctions de ce corps que l'Esprit est invité à se placer intégralement et dignement sous le patrimoine de cette polarité.

« Cependant, nous comprenons que la question est encore plus complexe, car certains ne réussissent pas à se défaire du vice sexuel, recherchent d'autres partenaires, et continuent le processus de dépravation. Il est très important de souligner que l'**homosexualité n'est pas une dépravation, c'est une expiation**.

« Nous avons répondu à la question 2 que la dépravation est caractérisée par le *sexualisme*, c'est-à-dire le culte indu du sexe. La dépravation peut exister autant dans l'hétérosexualisme que dans l'homosexualisme. L'important est d'analyser la situation dans la perspective de ce à quoi la vie nous invite. Plusieurs d'entre nous croient encore qu'il faudrait choisir ce que nous désirons d'un point de vue individuel, égoïste. Toutefois, la Nature a ses Lois et la Vie nous fait des propositions. Il nous faut évaluer avec une grande perspicacité ce que la Vie cherche à nous enseigner.

« Ce n'est pas par hasard qu'un Esprit se réincarne dans un corps donné et ce ne doit pas être non plus par hasard qu'il se trouve dans un processus souvent très différent de ce qu'il aimerait. Il est important de considérer les questions intimes dans la perspective infinie de la volonté divine, qui sait, bien mieux que les êtres humains, ce qui est nécessaire à leur évolution.

« Pour l'Esprit, c'est dommageable de tenter de nier son homosexualité, autant qu'il lui est très dommageable de s'imposer l'homosexualisme. »

Incitation à l'homosexualisme

24 – Plusieurs psychologues, sexologues et psychiatres encouragent les relations homosexuelles pour le motif que la personne a le droit d'être heureuse comme il lui plaît et qu'elle doit libérer toutes ses pulsions, étant donné que la pulsion homosexuelle est naturelle et est une question personnelle. Comment peut-on envisager cette réalité du point de vue spirituel? Quelles sont les conséquences pour l'Esprit de pratiquer l'homosexualisme?

« Les personnes savantes du comportement humain qui incitent leurs patients à pratiquer l'homosexualisme ne comprennent pas les fonctions de l'Esprit immortel dans la matière. Elles demeurent captives des idées matérialistes, basées sur les théories de la libido. S'appuyant sur ces idées, elles croient que les problèmes humains doivent être traités et guéris uniquement dans le cadre des paramètres étudiés par les théoriciens de la matière.

« Le fait est qu'il ne faut ni encourager la pratique de l'homosexualisme ni condamner les homosexuels. L'homosexualité est une chose et la pratique de l'homosexualisme en est une autre.

« L'Esprit qui a des tendances à l'homosexualité est un Esprit parfaitement digne de tout notre respect et de toute notre considération, et il doit être intégré dans toutes les activités normales de la société, incluant les activités spirituelles.

« Ce n'est pas parce qu'il est de tendance homosexuelle que l'individu doit être déprécié. Ceci serait une faute en vertu de la Loi de Justice, d'Amour et de Charité, mais encourager la pratique de l'homosexualisme est aussi une faute en vertu de la Loi de Justice, d'Amour et de Charité, parce que l'expérience de l'homosexualité, comme nous l'avons vu, vise justement le respect profond de sa polarité et de ses questions intimes.

« L'idée d'encourager cette pratique ne correspond en rien

à un mouvement sain, car ce n'est pas la pratique homosexuelle qui va faire en sorte qu'il se sente plein et réalisé, comme ce n'est pas la pratique hétérosexuelle qui rend quelqu'un heureux. Ce qui rend l'individu heureux est l'engagement affectif, la pratique affective envers soi-même, envers les autres et envers la Vie.

« À ce sujet, nous devons considérer des points très importants. Il existe de grandes différences distinguant *l'affectivité-anima*, *l'affectivité-animus*, l'homosexualité et l'hétérosexualité.

« *L'affectivité-anima* se manifeste au moyen des qualités de la polarité féminine, et *l'affectivité-animus*, au moyen des qualités de la polarité masculine. Dans son essence, l'Esprit possède ces deux formes d'affectivité. Cela n'a rien à voir avec les questions sexuelles.

« *L'affectivité-anima* et *l'affectivité-animus* sont les points fondamentaux de l'Esprit. Quand l'enfant regarde sa mère et la voit en étant rempli d'une profonde admiration, il vit une expérience d'*affectivité-anima*. Quand l'enfant voit son père en projetant sur lui l'image d'un héros, il vit une expérience d'*affectivité-animus*.

« Quand cela prend une dimension sexuelle, c'est que l'affectivité est, d'une certaine façon, déformée, altérée par les conflits de l'Esprit. L'Esprit dans la polarité masculine a une homoaffectivité, comme on l'appelle, c'est-à-dire un intérêt pour ceux du même sexe, et cela génère une attraction sexuelle.

« La femme homosexuelle est invitée à développer *l'affectivité-anima*, tandis que *l'homme homosexuel* est invité à développer l'affectivité-animus, plutôt que l'homoaffectivité dans sa dimension sexuelle; la personne doit considérer l'autre comme son ami, sa sœur ou son frère, son prochain fraternel, parce que c'est l'affectivité qui dissout les conflits relatifs à la sexualité, que ce soit pour les homosexuels ou pour les hétérosexuels.[8]

---

8 Voir au chapitre 4 pour plus de détails sur l'*affectivité-anima* et l'*affectivité-animus*.

« Le plus important ce ne sont pas les tabous que, souvent, la société impose; le plus important c'est de comprendre les fonctions spirituelles de chaque chose.

« Le débordement de l'homosexualisme ne réalise pas l'individu, tout comme le débordement de l'hétérosexualisme en vices ne réalise pas l'individu. Ce qui réalise l'individu est de faire de la place à l'affectivité dans ses émotions et dans ses relations comme Esprit immortel et non dans l'attachement à la matière.

« Celui qui cherche à rejoindre l'autre à partir de ses fixations mentales de nature matérielle, en croyant que cet autre peut le réaliser sexuellement d'une façon ou d'une autre, que ce soit selon une dynamique homosexuelle ou hétérosexuelle, ne comprend pas encore la fonction des relations humaines.

« La fonction primordiale des relations humaines est la conquête d'une mentalité émotionnelle, c'est-à-dire d'une structure émotionnelle dans son Être, et l'Esprit est invité à développer cela dans des modèles d'affectivité.

« La meilleure façon de développer en soi les potentialités génésiques divines est de développer l'affectivité, qu'il s'agisse de l'*affectivité-anima* ou de l'*affectivité-animus*, jusqu'à évoluer vers une seule affectivité, qui est l'affectivité intégrale de l'Esprit immortel.

« Comment Jésus nous aime-t-il? Il est difficile de répondre à cette question, mais nous savons une chose avec certitude : Il ne regardait pas les polarités, Il regardait l'individu dans son intégralité, tout en établissant une relation avec ses polarités. Ainsi, Jésus nous aime comme nous sommes. »

Augmentation du nombre de personnes homosexuelles

25 – Dans le livre Sexo e Obsessão *(Sexe et obsession), de l'Esprit Manoel Philomeno de Miranda, publié par* Livraria

Espírita Alvorada Editora *en 2002, Divaldo Pereira Franco psychographie un exposé où le docteur Bezerra de Menezes dit que :*

« *Dans les processus évolutifs, plusieurs Esprits réincarnent avec des tendances homosexuelles, ce qui ne les conduit pas à des comportements vicieux, et dans le futur on prévoit un nombre si grand de personnes homosexuelles que cela attirera l'attention des psychologues, des sociologues et des pédagogues, qui devront réaliser de meilleures et plus vastes études sur les comportements humains et leur conduite sexuelle.* »

« *On observe effectivement dans l'actualité une augmentation du nombre de personnes manifestant leur homosexualité, masculine ou féminine. Plusieurs personnes, dans le mouvement spirite, ont dit qu'il s'agit là d'une façon naturelle de pratiquer la sexualité, faisant partie de l'évolution de l'Esprit, selon la programmation de Dieu, pour l'avènement des Êtres de l'humanité future. Que doit-on comprendre de l'augmentation du nombre d'hommes et de femmes avec des tendances homosexuelles plus ou moins marquées? Quelles sont les causes spirituelles de cette augmentation?*

« Il existe une confusion entre la programmation de Dieu et les conséquences des actions posées par les hommes et les femmes et leurs descendants. Il est clair que l'augmentation du nombre des homosexuels dans le monde a un lien avec le besoin de réincarnation de plusieurs Esprits qui, après avoir vécu l'hétérosexualité en se viciant, réincarnent en étant invités à l'expiation pour apprendre à être dignes dans l'expérience de leur polarité actuelle.

« Ceci nous demande de comprendre la situation d'ensemble et non de fixer notre attention sur une seule chose. L'augmentation citée n'a pas de liens avec la programmation divine en soi, mais est la conséquence des existences passées de ces Esprits, qui reviennent maintenant dans les nouvelles générations en demandant réparation et attention.

« Certains de ces individus réussiront, évidemment, à mettre leur fonction génésique au service de la collectivité, tandis que d'autres se pervertiront à nouveau, malheureusement, encore davantage, en raison de leurs situations intérieures et en raison de leur propre dépravation sexuelle lorsqu'ils pratiquaient l'hétérosexualisme. Là est la question!

« Le point essentiel est de considérer l'état dans lequel l'Esprit se trouve. Car l'Esprit est invité à utiliser l'*expérience-expiation*, pour transformer son vécu en *expérience-apprentissage* et, grâce à cela, en *conquête-succès*.

« Comment y parvenir? Plusieurs Esprits incarnés sont invités à manifester la dignité dans leurs relations affectives, qu'elles soient hétérosexuelles ou homosexuelles.

« Nous disons qu'ils sont invités à manifester la dignité, car cela découle du fait que plusieurs de ces individus ont déjà mal utilisé leur libre arbitre dans ce domaine, et reçoivent maintenant l'invitation à commencer à travailler intérieurement les questions d'ordre affectif.

« Il est vrai qu'entre la perversion sexuelle et la fidélité, pour un hétérosexuel ou un homosexuel, le plus important est la fidélité. Nous savons que plusieurs homosexuels sur la Terre vivent de manière digne les uns avec les autres, en se respectant, dans des couples homoaffectifs.

« Toutefois, au cœur des besoins supérieurs, l'Esprit est invité à utiliser l'expérience de l'homosexualité au profit de la collectivité. Considérant le très grand nombre des Esprits qui sont dans une polarité inversée dans leur situation actuelle temporaire, nombreux sont ceux qui pourraient aider la collectivité s'ils canalisaient tous leurs efforts en ce sens. Comme ils ne ressent pas les fonctions de la paternité et de la maternité de façon biologiquement semblable à ceux faisant l'expérience de l'hétérosexualité, il est fondamental qu'ils apprennent à assumer le rôle actif dans l'œuvre collective de la création.

« Toutefois, le Spiritisme permet de comprendre que, s'agissant de voyageurs de l'Univers, tous les Esprits sont conviés à être agents de Dieu dans la création, et que le plus important est de bénéficier de l'expérience pour acquérir le maximum de développement de nos potentialités divines.

« Si nous pouvons, par les expériences-apprentissages, construire dans la collectivité une génération meilleure, nous apprendrons à connaître, en profondeur, la volonté de Dieu.

« Il est certain que plusieurs Esprits, qui vivent aujourd'hui l'expérience homosexuelle, réussissent, avec des efforts herculéens, à travailler au bénéfice de la collectivité pour construire une humanité plus en paix, plus heureuse, plus sereine, pour eux-mêmes et pour les autres. Ce sont là des exemples qui doivent être suivis par les autres Esprits, quelle que soit leur expérience de la sexualité.

« Que ceux ne se sentant pas encore en condition de vivre leur vie pour le bien de la collectivité, tout en souhaitant vivre une relation homoaffective, cherchent avant tout la dignité de la fidélité et non pas la multiplicité indue des relations, qui générera seulement, plus tard, la répétition de la douleur et des perturbations. »

Différents degrés d'homosexualité

26 – En matière d'homosexualité, nous observons différents degrés de manifestation, par exemple : les personnes qui ressentent une tendance à l'attraction pour une personne de même sexe, mais qui conservent leur identité physiologique, sans pratiquer l'homosexualisme; celles qui, dans une situation semblable, assument l'homosexualité par l'intermédiaire d'une relation affective; celles qui recherchent différents partenaires sexuels en s'engageant dans l'homosexualisme; celles qui maintiennent leur identité, mais qui ont l'habitude d'adopter des gestes et des stéréotypes du sexe opposé; d'autres s'habillent et se comportent comme le sexe opposé; d'autres disent être nées dans le mauvais corps et se sentent prisonnières de leur propre corps au point de le haïr et de désirer ardemment en changer les caractéristiques physiques pour le rendre compatible avec leurs conditions psychologiques, souvent en utilisant des hormones et en subissant des chirurgies pour adopter une forme féminine ou masculine, selon le cas. Comment peut-on expliquer, du point de vue spirituel, ces différentes manifestations d'homosexualité et d'homosexualisme?

« Ce sont divers niveaux d'homosexualité et d'homosexualisme, en plus ou en moins, que l'Esprit manifeste dans son expérience de la polarité à laquelle il est attaché.

« Certains sont très rebelles et veulent faire de leur corps ce que souhaite leur psychisme, en le soumettant à des altérations physiologiques et des marques de changement de sexe, comme quelqu'un qui serait en prison et se sentirait tant révolté qu'il voudrait détruire la prison. D'autres sont plus résignés à leur expérience et ils commencent à évoluer de l'homosexualité vers une sexualité saine renouvelée, indépendamment du fait qu'elle soit masculine ou féminine.

« Il est très important de comprendre que l'Esprit n'est pas homosexuel et n'est pas hétérosexuel. L'Esprit possède la sexualité essentielle, mieux encore, il possède son identité génésique, tel que mentionné à la question 4.

« Le point fondamental à considérer est que c'est par l'intermédiaire des manifestations intérieures de l'Esprit que se produiront les actions comportementales dans les manifestations extérieures.

« L'Esprit qui est conscient de son identité féminine, qu'il maintient et accepte, tout en se résignant à être dans un corps de la polarité masculine, ou inversement, même s'il ressent une attraction homosexuelle en matière de sexualité, comprend sa situation de façon plus soumise, après être, probablement, déjà passé par des expériences plus rebelles. Ceux qui veulent altérer leurs corps et se défigurer de manière étrange sont dans la position opposée. Ils vivent un processus d'expiation assez atroce et n'admettent pas que la Loi Divine les conduira vers plus d'équilibre. »

L'homosexualité comme expiation

27 – Nous comprenons dans les questions précédentes que l'homosexualité est une expiation pour l'Esprit qui a failli dans le domaine de la sexualité dans d'autres réincarnations. Est-ce que, dans tous les cas, les expériences de réincarnation seront dans la polarité opposée à celle dans laquelle l'Esprit a failli, c'est-à-dire que l'Esprit qui a failli comme femme renaîtrait dans un corps masculin avec un psychisme féminin pour apprendre les expériences de la polarité féminine, et inversement, afin de se rééduquer par la douleur de l'inversion sexuelle? Peut-il arriver qu'un Esprit qui a failli dans la polarité masculine renaisse comme homme, avec un psychisme féminin qui l'inciterait à ressentir une attraction sexuelle pour d'autres hommes?

« Ce n'est pas une règle inévitable que l'Esprit doit réincarner à la première occasion dans la polarité opposée. C'est une expérience que vivra l'Esprit, certainement, s'il ne parvient toujours pas à réaliser l'équilibre fondamental dans sa sexualité.

« Il peut arriver que l'Esprit réincarne lors de sa prochaine existence dans la polarité même qu'il n'a pas su utiliser judicieusement, dans une séquence d'amélioration. Il se donnera ainsi une nouvelle occasion de s'améliorer et de se valoriser dans cette polarité.

« Évidemment, le circuit interne de ses pensées viciées, s'il n'est pas transformé correctement, accumulera d'autres dettes plus grandes; et, dans ce processus, la Loi d'Évolution demande que l'Esprit réincarne dans le corps de la polarité opposée, car ce n'est que dans ces conditions qu'il pourra vivre des expériences qui le marqueront suffisamment pour l'amener à valoriser les deux polarités, de manière intégrale et saine.

« Ceci nous rappelle combien grande est la miséricorde de Dieu pour faire en sorte que l'Esprit acquière l'expérience et qu'ensuite, il réussisse à croître véritablement. S'il en était autrement, l'Esprit passerait par la même polarité de différentes façons en commettant de nombreuses erreurs, en se contentant d'imaginer qu'il s'améliore; mais c'est en faisant l'expérience de la polarité opposée qu'il réussira vraiment à comprendre la nature des conflits sous-jacents à ses sentiments.

« Il ne s'agit d'aucune façon d'une coercition ou d'une punition divine; c'est l'effet même de la Loi d'Attraction dont l'Esprit fait l'expérience : à la suite de l'abus de la polarité, il attire à lui la réincarnation dans la polarité opposée pour qu'il puisse apprendre le sens réel de la fonction sexuelle dans son existence. »

Homosexualisme et santé intégrale

28 – La question 5, sur le thème de la sexualité et de la santé intégrale, mentionne l'importance pour l'Esprit incarné de respecter la sexualité temporelle de son corps pour permettre la santé intégrale et aussi la rébellion et la non-acceptation du corps qu'il habite temporairement, en se comportant de manière féminine dans un corps masculin ou de manière masculine dans un corps féminin, détournant ainsi la proposition que la Providence Divine lui présente. Quelle est la relation entre cela et la pratique homosexuelle? Y a-t-il une quelconque conséquence sur la santé intégrale de l'Être qui pratique l'homosexualité, comme de possibles dommages au périsprit ou d'autres problèmes?

« La pratique de l'homosexualité doit être considérée conformément aux conquêtes morales de chaque être humain. D'aucune façon, la Providence Divine n'impose l'abstinence ou l'abus des facultés sexuelles.

« L'être humain est invité, avant tout, à accomplir le développement éthique de ses sentiments dans le domaine de la sexualité. La pratique de l'homosexualité est une manifestation du choix de l'Esprit réincarné par rapport à ses angoisses en matière de sentiments et à ses angoisses psychologiques.

« Ce n'est pas directement lié à la Loi de Reproduction, ni à la Loi de Proximité entre les polarités opposées. Toutefois, les caractéristiques psychologiques de l'être humain sont très profondes, et il ne s'agit d'aucune façon de les condamner.

« Mais il est utile de clarifier que la pratique de l'homosexualité, en termes psychologiques, est utile seulement lorsque l'Esprit vit un conflit difficile, une grave dépression ou un état intime de dégoût de la vie et ne réussit pas, par ses efforts, à pratiquer l'abstinence au bénéfice de la collectivité. Dans ce cas, sa psychologie demande la compagnie d'un ou une partenaire de la même polarité.

« C'est une étape par laquelle l'Esprit passe, où il cherche une expérience qui, bien que non réussie totalement, est nécessaire pour éviter des processus conflictuels plus graves au niveau des sentiments et des complications plus dommageables dans sa réincarnation.

« Ce qui peut devenir grave et dommageable est la façon avec laquelle l'homosexualité est pratiquée. Si c'est de façon éthique, respectueuse et affective entre les partenaires homosexuels, comme entre des partenaires hétérosexuels, l'Esprit pourra acquérir, au-delà de l'expérience en elle-même, des valeurs importantes pour sa croissance.

« S'il s'agit d'une pratique homosexuelle empreinte de promiscuité sexuelle, attachée seulement au plaisir sensuel et où il y a abus des sensations du corps, alors la douleur sera beaucoup plus intense et la souffrance sera beaucoup plus globale, car en plus d'avoir une psychologie inadéquate par rapport au corps, l'Esprit crée des conflits dommageables dans ses noyaux responsables du maintien de sentiments équilibrés en lui : le noyau émotionnel, le noyau affectif, le noyau sentimental et le noyau de sa conscience, lésés par la promiscuité sexuelle, feront en sorte que l'Esprit rencontre, dans ses prochaines réincarnations, des expiations difficiles qui, selon l'ampleur du déséquilibre, pourront manifester un processus pathologique et des maladies d'ordre sexuel influencées par la génétique.

« La Loi de Miséricorde offre toujours aux Esprits la possibilité de réparer leurs erreurs, en agissant intimement sur les codes dans leur conscience, sans aucune nécessité de complications. Cette Loi prend également en compte les désirs de chaque personne d'être heureuse, mais la Loi de Justice établit que l'acquisition de la véritable paix dans le cœur nécessite d'agir avec justice dans tous les aspects de ses comportements. Si la question sexuelle est devenue un tourment pour l'Esprit, il lui appartient alors de faire le maximum d'efforts pour la transcender. S'il n'y parvient pas par les chemins du travail intérieur d'amour pour la collectivité et du travail de régénération au bénéfice de ses propres forces génésiques, alors l'union entre des Esprits réincarnés dans la même polarité doit être digne. »

Inversion sexuelle pour accomplir des tâches spécifiques

29 – Dans le livre Sexo e Destino (Sexe et destin), de l'Esprit André Luiz, psychographié par Francisco Cândido Xavier et publié par la Federação Espírita Brasileira (Fédération spirite brésilienne), l'auteur dit, au sujet de l'homosexualité, que : d'innombrables Esprits réincarnent dans des conditions d'inversion [...] en se soumettant à des tâches spécifiques, qui exigent une discipline rigide de la part de celui qui les a sollicitées ou acceptées.[9] Comment se produit ce type d'inversion? Est-ce différent du processus d'expiation? Comment l'Esprit incarné dans cette condition doit-il se comporter?

« Observez le développement psychomoteur de l'enfant. Nous trouvons là des ressources pour une étude approfondie du processus d'inversion, avec la discipline et la pleine réalisation des sentiments comme tâches fondamentales.

« Jusqu'à l'âge d'environ cinq ou six ans, les enfants ont un développement psychologique, moteur et émotionnel semblable dans les deux polarités, qu'il soit dans un corps masculin ou dans un corps féminin. Leur intérêt pour les activités ludiques, pour les informations extérieures, pour le monde et pour leur fonctionnement procède de façon très semblable et intense.

---

9 *Sexo e Destino* (1963), deuxième partie, chapitre IX.

L'enfant ne se différencie pas encore par son aspect sexuel, même s'il perçoit les différences vitales entre la forme masculine et la forme féminine.

« Après l'âge de cinq ans, l'enfant comprend, grâce à ses informations personnelles sur la vie matérielle et sur les circonstances de la vie sociale, ce qu'il doit envisager en matière de modèles comportementaux. Ainsi, la jeune fille, qui observe avec encore plus d'attention les comportements de sa mère, apprend à se comporter comme sa mère et en fonction de ce qui lui arrive. Le jeune garçon est invité, par l'environnement social, à se comporter en accord avec le modèle masculin et en accord avec ce que la société reconnaît comme modèles familiaux.

« Cette situation où l'enfant observe les modèles autour de lui l'incite à définir ce qu'il doit réaliser en accord avec sa psychologie spirituelle liée à la sexualité.

« L'Esprit, travaillant à élever sa psychologie, a développé en lui les qualités inhérentes aux diverses réincarnations qu'il a vécues. Ces réincarnations renforcent sa capacité de penser et de se comporter avec les qualités d'une polarité donnée.

« Alors, un Esprit qui a réincarné plusieurs fois dans un corps féminin acquiert certaines qualités offertes par la polarité anima, par exemple en ce qui concerne la sensibilité et l'intelligence, ainsi que des comportements que l'intelligence-anima favorise, comme l'observation aiguisée et la capacité d'accomplir des tâches multiples.

« Cette capacité intérieure que l'Esprit doit assimiler à l'aide de ses expériences dans une polarité donnée caractérise les modèles de ses actions, de ses pensées et de ses sentis. Quand l'Esprit est invité à réincarner dans l'autre polarité, il amène avec lui sa psychologie accentuée selon les expériences de réincarnations vécues.

« En conséquence, sa psychologie est de type *anima*,

même s'il réincarne dans un corps de type *animus*, par exemple. Sa psychologie est féminine, mais il a maintenant la tâche de s'améliorer dans un corps masculin. Ceci ne veut aucunement dire qu'il existe un lien avec la question de l'homosexualité, qui demeure une expiation.

« L'Esprit qui ne s'est pas vicié, qui a conservé ses choix et maintenu une attitude de respect envers les Lois Naturelles, tout en étant réincarné dans un corps masculin et en gardant la psychologie féminine, est en syntonie avec ces Lois; son comportement psychologique donne l'impression aux autres qu'il a des gestes et des traits féminins, mais cela ne signifie pas qu'il soit en conflit avec sa sexualité.

« L'Esprit peut très bien être attiré alternativement par la réincarnation dans une polarité sexuelle ou l'autre et demeurer complètement intègre dans ses questions sexuelles. Pour l'Esprit cette expérience est-elle un défi exigeant? Oui, car il devra faire preuve de discipline psychologique pour adapter ses comportements à cette autre polarité qu'il n'a pas exercée dans autant d'expériences que la polarité qui lui est plus familière.

« Dans cette situation, l'Esprit doit s'efforcer d'acquérir les qualités que le corps, la situation sociale et les circonstances actuelles lui offrent pour développer une forme de sexualité unifiée. Cette forme unifiée de sexualité est l'équilibre complet entre l'*animus* et l'*anima* de l'Esprit immortel. »

Comment agir en cas de tendance homosexuelle

30 – Lorsqu'une personne a une tendance à l'homosexualité, comment devrait-elle se sentir et agir, en tenant compte du fait que les expériences de l'Esprit immortel dans le corps physique sont transitoires?

« Premièrement, il est fondamental que l'Esprit se sente naturellement comme un enfant de Dieu, qui mérite tout le respect et toute la considération de tous les frères de l'humanité, et qu'il se sente plein de possibilités pour conquérir le bonheur par l'intermédiaire des mêmes modèles d'intégrité éthique et d'honneur que la société reconnaît pour les hétérosexuels.

« En ayant ce sentiment de lui-même, l'Esprit est invité à considérer l'homosexualité comme une *expérience-expiation* et à élaborer une proposition pour lui-même dans laquelle il trouve, dans l'intimité, la paix de sa conscience. Cette proposition n'a pas spécifiquement pour objet les relations sexuelles, mais plutôt sa dignité sexuelle.

« La dignité sexuelle suppose l'exercice de la chasteté morale, que ce soit avec ou sans partenaire, c'est-à-dire qu'une relation monogame, fidèle et véritablement fondée sur la charité donnera à l'homosexuel la base nécessaire pour qu'il se sente intègre avec lui-même.

« Toutefois, la relation monogame homosexuelle est une proposition secondaire. Nous avons déjà dit précédemment que l'homosexuel est invité à utiliser ses énergies génésiques pour soutenir le Bien de la collectivité, en mettant à profit le temps dont il dispose pour acquérir des pensées nobles et ce dont il a besoin pour apporter de l'aide, étant donné qu'il ne ressent pas les besoins physiologiques de la même manière que les hétérosexuels. Même s'ils ne les ressentent pas de la même manière, les besoins physiologiques sont évidemment présents tant chez l'homosexuel que chez l'hétérosexuel, qu'ils aient constitué une famille ou non.

« Cependant, l'homosexuel a un défi particulier. Sa psychologie et la façon avec laquelle il entre en relation avec la société, comme la façon avec laquelle la société est en relation avec lui, créent un modèle de pensée différent, qui l'amène à faire des choix différents.

« Le meilleur choix est d'agir en dirigeant son attention vers sa propre auto-illumination, en profitant du fait qu'il ressent une sexualité différente de celle liée à la nature du corps pour développer le sentiment intérieur de l'amour fraternel, de l'amour social et de l'amour solidaire qui lui permettra de se consacrer à des réalisations de la pensée et du sentiment dans de multiples domaines d'activités humaines.

« Nous ne voulons imposer aucune règle de conduite ni énoncer une quelconque prescription pour ceux qui se sentent liés à l'homosexualité. Nous comprenons bien que, dans le for intérieur de chaque Esprit, il y a des conflits, des préoccupations et des attentes, mais nous constatons que le corps est transitoire et les relations physiques des corps aussi.

« Le plus grand besoin de l'Esprit immortel, que ce soit dans l'homosexualité ou dans l'hétérosexualité, par rapport aux vices de l'homosexualisme ou de l'hétérosexualisme, c'est-à-dire lorsqu'il y a culte du sexe, ne se trouve pas dans le contact sexuel. Ceci doit faire l'objet de réflexions profondes.

« Ce que l'Esprit désire au plus profond de sa conscience est la plénitude psychologique, la plénitude émotionnelle et la plénitude conscientielle. La vie offre plusieurs ressources pour cela, incluant le détachement de soi-même au bénéfice des intérêts de la collectivité. En s'engageant pleinement au bénéfice de la collectivité humaine, l'Esprit rencontrera des sources de plaisir, de complétude et de plénitude que même une relation sexuelle pleine, qu'elle soit homosexuelle ou hétérosexuelle, ne pourra lui apporter.

« C'est là l'*invitation-proposition* et le chemin! »

2.4 – Paraphilies (troubles de la sexualité)

Pédophilie

31 – Parmi les paraphilies, c'est-à-dire les troubles psychiques qui se caractérisent par la préférence ou l'obsession pour des pratiques sexuelles socialement non acceptables, la pédophilie est la plus horrible. Souvent, les pédophiles vont jusqu'à déchirer les organes sexuels d'enfants ayant à peine quelques mois de vie. Quelles sont les causes spirituelles de la pédophilie et que représente-t-elle pour la personne qui la pratique?

« Les études psychologiques et sociologiques, en plus des grandes contributions de la pédagogie et de la psychopédagogie, énoncent que la racine de la pédophilie se trouve dans un traumatisme très grave dont l'Esprit a souffert dans son enfance corporelle dans une réincarnation donnée.

« Il est clair que la vision matérialiste considère seulement la réincarnation actuelle, mais nous pouvons étendre cette explication à la vision réincarnationiste des traumatismes que l'Esprit a subis dans l'enfance de réincarnations antérieures. Ceci corrobore significativement les études de cette pathologie, de cette maladie mentale, émotionnelle et morale qui détruit des milliers d'êtres, qui, selon le cas, dénoncent ou taisent les dégâts de la pédophilie.

« Cependant, plongeant au coeur de l'Esprit immortel, analysons l'Esprit qui agresse, à la fois, l'autre et lui-même, dans sa tentative de violer les Lois Divines pour agresser le Créateur. Puisqu'il ne réussit pas, il agresse la forme, l'image, le symbole auquel il peut penser pour représenter, dans sa compréhension, la pureté, l'innocence et ce qui existe de plus immaculé en lui-même.

« Malgré les traumatismes dont l'Esprit a pu souffrir dans une réincarnation donnée et qui l'ont amené plus tard à laisser cette violence s'amplifier jusqu'à la pédophilie, ce qui existe au cœur de sa conscience, dans sa relation avec les Lois Divines, est un mouvement très profond de l'ego par lequel l'Esprit veut détruire toute expression de sa propre filiation divine, ainsi que l'image de l'innocence et de la profonde pureté à laquelle il est destiné quand il deviendra l'Esprit pur et heureux, comme il se doit.

« L'Esprit ne s'accepte pas et, en conséquence, il projette cela sur les enfants, particulièrement de façon sexuelle, et ce, avant même la formation de leur sexualité, en se contenant discrètement autant qu'il le peut, pour finir par manifester clairement contre les enfants cette violence triste et terrible qu'il se vouait à lui-même dans son désir de détruire la pureté intérieure.

« L'Esprit voit l'image de l'enfant et veut attaquer et détruire son propre enfant intérieur. Nous distinguons deux questions à étudier : d'une part, l'image psychologique de l'enfant, et, d'autre part, l'acte sexuel en lui-même.

« L'acte sexuel est lié à la Loi de Conservation, à l'instinct de conservation et à la Loi de Reproduction. La Loi de Reproduction physique remplit son rôle : d'un point de vue psychologique profond, elle vise à provoquer la naissance d'un nouvel être dans un corps, une nouvelle occasion, un nouvel espoir, et cela offre à l'Esprit la certitude que, par le moyen de la reproduction, l'espèce continue. Un nouvel être naît sous la forme de l'enfant, par le moyen de la reproduction.

« Nous observons que, dans les registres mentaux profonds du pédophile, l'agression sexuelle manifeste le désir d'agresser, à la fois, l'image de l'enfant et l'acte qui produit l'enfant, c'est-à-dire le sexe, car c'est par l'intermédiaire du sexe qu'une nouvelle vie est produite, dans une sublime Loi de Continuité des espèces, qui démontre sans cesse l'amour divin et la grandeur de Dieu en toute chose. L'Esprit, dans sa maladie, cherche sans le percevoir à détruire l'image de Dieu et, en même temps, à détruire l'existence par où les êtres humains doivent naître.

« Comme il a été blessé, d'une façon ou d'une autre, l'Esprit qui passe temporairement par la perturbation de la pédophilie, dont il sortira un jour, est conscient de la gravité de ses actes et sollicite la réparation; il sera invité par les Lois à aider au réajustement de plusieurs autres ayant le même problème. »

Pédophilie et guérison de l'enfant intérieur

32 – Comment celui qui réellement se sait déjà et veut se sentir un Esprit immortel, peut-il travailler pour guérir son enfant intérieur s'il a une tendance à la pédophilie?

« Les moyens connus en psychothérapie et en thérapie de l'affectivité sont des ressources fondamentales.

« La thérapie spirite aide en profondeur, car, au moyen de la prière et de l'étude de l'immortalité et des Lois Divines, le frère ou la sœur qui se sent attiré par cette crise psychospirituelle de l'âme qu'est la pédophilie doit utiliser toutes ses ressources pour reconnaître l'intensité et l'étendue de la problématique, en plus de chercher une aide psychologique constante et, au besoin, de se rendre disponible pour trouver une solution à ses problèmes par une analyse psychiatrique méticuleuse.

« Dans certains cas, l'Esprit a altéré tellement ses comportements que des médicaments sont nécessaires afin de diminuer les pulsions des neurotransmetteurs, car les images mentales vont jusqu'à déséquilibrer profondément le sens de la réalité et le discernement éthique. Dans ces cas, lors de la prochaine réincarnation, l'Esprit sera invité à faire preuve de beaucoup de discipline jusqu'à ce qu'il réussisse à se libérer pleinement de ces influences pernicieuses. »

La pédophilie face à la justice divine

33 – Plusieurs personnes croyant en Dieu se demandent pour quelle raison Dieu permet que des petits enfants et des bébés soient violés par des pédophiles. Comment peut-on concilier ce type de crime horrible avec l'omnipotence, l'omniprésence et l'omniscience divines?

« En comprenant que des Esprits habitent ces corps d'enfant, mais qu'ils ne sont pas ces corps. Les corps sont de la matière, et ces Esprits ont une trajectoire antérieure de défis à l'égard de cette problématique, ayant eux-mêmes créé des situations où ils ont abusé d'enfants et ont résisté à l'aide divine de différentes façons. Lorsqu'ils se réincarnent dans une nouvelle existence, déjà durant l'enfance, leur psychisme demande réparation selon les Codes immuables des Lois. Mais comme ils ne sont pas encore prêts à réparer, leur psychisme émet des ondes de soif de justice et de **volonté de se justifier** des actes commis. Cela attire d'autres Esprits en syntonie avec ces ondes, c'est-à-dire de tendances déséquilibrées.

« La Providence Divine offre toutes les ressources pour aider autant qu'elle le peut ces Esprits, mais comme ils refusent, c'est leur propre psychisme qui, dès leur enfance corporelle, attire l'attention des autres Esprits ayant un corps adulte et partageant le même déséquilibre, et ce, sans aucune injustice par rapport aux Lois.

« Cela n'autorise pas ces actes ni ne les rend acceptables de la part de ceux pratiquant la pédophilie; c'est en vertu de la Loi d'Attraction que le criminel d'hier, aujourd'hui dans un nouveau corps, attire des criminels adultes et, dans un mélange de culpabilité très intense avec des perturbations également très graves, il finit par se blesser en émettant ces ondes qui sont décisives dans l'attraction de ceux qui vont lui faire ce qu'il a lui-même fait à d'autres. »

34 – Plusieurs personnes remarquent que, compte tenu de la Loi d'Attraction, le processus n'aurait pas de fin si le criminel d'hier devenait la victime d'aujourd'hui, et ainsi de suite, perpétuant ainsi la répétition du processus. Comment pouvons-nous concilier cela avec la justice des Lois Divines?

« Celui qui a été blessé un jour évoluera, et il sera invité à apprendre que la blessure qu'il s'est causée à lui-même et à son prochain est une conséquence de ses actes. Constatant l'erreur qu'il a commise, il est invité à se pardonner et à pardonner à son prochain, en cherchant la paix à l'intérieur de lui, en syntonie avec la Loi de Réparation.

« Ceux qui pensent que cela se transformera en un cycle sans fin ne prennent pas en compte l'étendue du cheminement de l'Esprit immortel. Après avoir surmonté ses propres drames et ses propres préoccupations, et après être devenu plus mature et conscient de toutes les erreurs commises, il se transforme en un agent de la volonté de Dieu pour aider les autres Esprits qui séjournent encore dans la zone des drames, des conflits et des perturbations où il a lui-même séjourné durant tant d'années ou de siècles.

« La Loi de Solidarité s'applique inéluctablement, en incitant les Esprits à aider, précisément, sur les questions et dans les circonstances où ils ont eux-mêmes commis des délits auparavant.

« Plusieurs Esprits qui travaillent aujourd'hui sur la Terre, ou au-delà, dans les domaines de la psychologie et de la sexologie, sont invités à agir dans ces domaines en vertu du mécanisme de réparation des fautes qu'ils ont commises antérieurement, incluant celles en matière sexuelle.

« Nous observons que personne ne peut fuir ce qui est prescrit par les Lois Divines et que, avant tout, la justice de Dieu est une justice qui propose des occasions de réparation; elle ne condamne pas de façon absolue et implacable même ceux qui se posent en adversaires des Lois. »

Conséquences de la pédophilie pour l'enfant

35 – Quelles sont les conséquences psychiques et spirituelles pour l'enfant qui a été victime de la pédophilie?

« Les conséquences psychiques sont des traumatismes d'ordre émotionnel profonds, qui peuvent occasionner des pertes de mémoire, des troubles de la personnalité et des états de phobie, parmi un ensemble de conséquences psychiques susceptibles d'apparaître après qu'un enfant a été victime de la pédophilie.

« Les conséquences spirituelles sont aussi profondes. Comme nous l'avons déjà mentionné, l'Esprit se révolte, d'une certaine façon, contre sa propre image d'enfant. En conséquence, cela ouvre la porte à un manque de confiance très grave, qui peut mener à une défiance envers sa propre existence, envers sa propre réalité et, plus tard, aboutir à un suicide.

« Dans un tel cas, l'Esprit croit être complètement abandonné, sans défense et vulnérable, et il se rebelle. Il transfère cette révolte non seulement contre les autres êtres, mais également contre le Créateur et élabore, par ce mécanisme, des drames émotionnels dans ses relations interpersonnelles.

« Ceci amène l'Esprit à construire dans son fonctionnement psychico-spirituel un mouvement constant d'attaque et de défiance, dans un isolement et un abandon récurrents.

« Plusieurs victimes de la pédophilie vivent des drames émotionnels de cette nature, même sans s'en rendre compte, car le processus agit au niveau du subconscient. Elles se sentent totalement abandonnées, comme si Dieu avait oublié leur existence et que plus rien ne faisait de sens.

« C'est comme s'il y avait une vengeance contre Dieu dans leur monde intérieur, même si elles sont athées. Dans leur subconscient, elles se révoltent contre Dieu et contre les Lois Divines, qui ont permis qu'elles soient victimes de ce crime. Ces Esprits conservent des traces de cette souffrance enfouies profondément dans leurs émotions. »

Comment transformer les sentiments de culpabilité découlant d'une agression sexuelle par un pédophile durant l'enfance

36 – Plusieurs enfants qui ont été victimes de la pédophilie se sentent coupables d'avoir été abusés, particulièrement s'ils ont ressenti du plaisir lors des manipulations sexuelles. D'autres ressentent de la culpabilité simplement pour avoir attiré le pédophile, comme si le problème était unilatéral. Comment ces victimes peuvent-elles se libérer de cette culpabilité?

« Il faut aller directement au cœur du sentiment et se demander : **Qu'est-ce que je ressens? Est-ce que je ressens du plaisir et de la culpabilité pour ce qui est arrivé?**

« Au centre de cette question, il est important que l'Esprit perçoive que ni le plaisir ni la culpabilité ne le représentent. Ce ne sont que des phénomènes circonstanciels du mental qui existent naturellement et, en même temps, l'Esprit est convié à se placer dans la perspective de l'infini, car chaque sensation découlant d'un sentiment propre à l'ego est transitoire et, donc, passe.

« La racine du plaisir est associée aux questions physiologiques et aussi au manque de connaissance de soi-même. La racine de la culpabilité est dans la révolte et le défaut de l'Esprit de comprendre qu'il est, avant tout, un apprenti de la Vie.

« Réfléchir sur cela aide la personne à reconnaître, de manière naturelle, ce qu'elle ressent, parce que lorsque nous allons psychologiquement au cœur de nos sentis, en nous accueillant de manière amoureuse, douce et indulgente, nous nous libérons de la culpabilité.

« En constatant qu'elle ressent de la culpabilité, la personne doit se demander :

– Qu'est-ce que cette culpabilité représente pour moi?

– Est-ce que je me sens digne?

– Est-ce que je me sens comme ceci ou comme cela?

« À partir de là, elle doit distinguer ce qu'elle ressent de ce que cela représente pour elle.

« Sur cette base, elle doit se demander : comment est-ce que j'aimerais me sentir? Ceci la replace dans une autre perspective. Ce qu'elle souhaite sentir a un lien avec son être éthique : ce qu'elle pense et ressent au centre de son être, à la recherche de santé spirituelle, dans un processus de réparation psychologique, au moyen de l'autoacceptation inconditionnelle.

« En résumé, les trois étapes de la technique sont les suivantes :

1 – L'individu ressent de la culpabilité pour quelque chose. Il doit rechercher la racine du sentiment. De quoi s'agit-il? Qu'est-ce que la culpabilité pour moi?

2 – Comment est-ce pour moi de ressentir de la culpabilité? Il doit approfondir son sentiment.

3 – Comment est-ce que j'aimerais me sentir?

« La libération de la culpabilité n'est possible que lorsque l'Être va jusqu'au cœur des Lois Divines et qu'il perçoit que, indépendamment de toute question, il est déjà très aimé de Dieu. Il constate alors qu'existe déjà en lui toute l'essence de l'amour et de la paix. Donc, ce qu'il désire est déjà là, ce qu'il cherche existe déjà en essence.

« En conséquence de cela, l'Esprit comprend que les Lois et les vertus sont déjà en lui en potentiel, comme des invitations permanentes de Dieu pour qu'il les développe par lui-même. Avant, il croyait qu'il devait chercher quelque chose qui n'existait pas encore en lui, maintenant il perçoit que l'invitation est de développer quelque chose qui existe déjà en lui-même.

« Ce concept-vérité (parce qu'il existe aussi des concepts-illusions) doit être trouvé par la compréhension, en réfléchissant sur lui dans sa propre vie, afin que la personne ressente réellement que ce concept-vérité est une réalité.

« Lorsque la personne n'accepte ce concept que comme un concept de plus, et non comme une vérité, elle va continuer à chercher à l'extérieur d'elle-même ce qu'elle ne peut trouver qu'à l'intérieur d'elle-même, car, au fond d'elle-même, il y a l'inacceptation de sa condition d'enfant de Dieu. »

Aide de la famille à un enfant qui a été victime de la pédophilie

37 – Comment les parents doivent-ils agir pour s'entraider et pour aider leur garçon ou leur fille qui a été victime de la pédophilie, afin de surmonter le traumatisme?

« Premièrement, ils doivent constamment se rappeler que la création est parfaite en toute chose et que le Créateur déverse son amour sans interruption sur toutes Ses créatures. Même lorsque, par effet de la syntonie, la personne attire à elle une expiation sous la forme d'une épreuve de pédophilie, Il maintient toujours sur elle tout l'amour du Père et toute la justesse des Lois Divines.

« Ces parents doivent aussi se rappeler qu'au-dessus de toute chose, il y a notre Père Divin qui veut toujours notre bien et l'apprentissage par chacun de Ses enfants, et que leur enfant est, avant tout, une créature de Dieu.

« Il importe également de se rappeler que l'événement dans lequel la famille est mêlée correspond aux Codes de justice de la vie et que, nécessairement, ils doivent réfléchir sur la raison pour laquelle la famille vit cette expérience. La réflexion doit avoir comme base les fondements de la justice cosmique, qui régissent la création par l'intermédiaire des Lois Divines, lesquelles s'appliquent à tous par l'intermédiaire des situations et des épreuves dont tous font l'expérience.

« Comme l'Amour est la Grande Loi, toujours accompagnée de la Loi de Miséricorde, autant les parents que leur garçon ou leur fille qui sont passés par le traumatisme de la pédophilie doivent effectuer ou intensifier, dans leur monde intérieur, un travail d'autoconnaissance; à partir de ce travail, ils doivent guider leur garçon ou leur fille dans un dialogue constant sur les situations quotidiennes ordinaires, aidés évidemment de l'accompagnement professionnel nécessaire à la situation. »

Sadomasochisme

38 – Le sadomasochisme est une autre paraphilie très répandue dans laquelle la pratique du sexe est associée à la douleur, à l'humiliation et à la souffrance. Quelles sont les causes spirituelles et les conséquences pour les personnes qui le pratiquent?

« Les causes spirituelles du sadomasochisme remontent aux humiliations personnelles vécues dans l'existence actuelle ou dans les réincarnations antérieures; l'Esprit traduit cela aujourd'hui en un mouvement d'attaque : attaque-coupable.

« Cette attaque fait en sorte que, par l'intermédiaire du processus engendré par les fantaisies sexuelles, l'individu fait à l'autre ce qu'un autre lui a fait. Dans le binôme plaisir-culpabilité, l'Esprit évolue dans une zone psychique où il exige d'avoir le plaisir et, en même temps, il ressent la culpabilité de cet acte, car si d'autres ont eu du plaisir à l'humilier, il pense, de façon erronée et subconsciente, qu'il peut avoir du plaisir en humiliant les autres.

« C'est une dynamique très complexe dans le mécanisme psychologique de l'Esprit, mais, en synthèse, elle se résume au désir de l'Esprit de se venger et d'être vengé, de se blesser et de blesser l'autre.

« Du point de vue spirituel, c'est un attentat contre sa propre existence en raison de la révolte, qui crée un trouble dans la relation interpersonnelle sous la forme d'un jeu psychologique de domination-soumission.

« La cause la plus intime se trouve dans les troubles psychologiques de domination qui génèrent un sentiment lié au désir de soumettre l'autre comme un esclave. C'est un niveau d'esclavagisme sexuel, dans lequel l'Esprit altère ses sentiments et ses potentialités, par la perversion de la relation de pouvoir et par la soumission de l'autre. Il y a aussi une altération des énergies du chakra du pouvoir[10].

« Nombreux sont ceux qui vivent ainsi cette dichotomie entre le plaisir et la douleur, dans des pratiques déséquilibrées les amenant vers des formes intérieures plus complexes de souffrance, sans qu'ils voient qu'ils ont besoin de soutien, d'aide et de réajustement. Au contraire, ils se voient psychologiquement avec

---

10 Note du directeur de publication : De plus amples détails sur les énergies des chakras et la sexualité sont donnés au chapitre 5.

le devoir de blesser, d'humilier et de maltraiter l'autre au nom de l'humiliation et des mauvais traitements qu'ils ont reçus.

« Ces causes sont présentes autant chez celui qui provoque la douleur, soit la dimension sadique de ce trouble, que chez celui qui souffre la douleur, le masochiste. Les deux vivent la dichotomie plaisir-culpabilité et plaisir-douleur.

« Pourquoi une personne accepte-t-elle d'être humiliée et de subir la douleur imposée par l'autre? Au cœur de la psychologie de l'Esprit, qu'y a-t-il dans ce jeu? À un niveau profond, il se produit un mécanisme de culpabilité et d'autopunition et, psychologiquement, il veut être humilié, car, intérieurement, il croit que ce mécanisme est juste. C'est un mouvement de l'ego altérant et déformant les aspects profonds de l'être. »

39 – Comment les personnes qui ont une tendance au sadomasochisme ou qui le pratiquent peuvent-elles se libérer de cette pathologie?

« Par l'intermédiaire de l'autoaffection, de l'autoconsidération et de l'autoamour. Cela commence par la pleine reconnaissance par la personne de ce conflit et par l'analyse rigoureuse et sincère de comment celui-ci lui nuit dans la conquête du bonheur complet.

« Pour travailler, intérieurement, à trouver la solution à cette question, l'Esprit est invité à créer, en lui-même, les images mentales saines qui viendront diluer et adoucir ses images mentales excessivement intenses, et à ainsi rediriger son attention parce que, avant tout, ces images mentales excitent ses sensations.

« L'Esprit qui souhaite véritablement se libérer de ces tendances dommageables doit éviter toute stimulation de nature érotique, toute stimulation, même la plus minime, qui passerait par ses sens; et il doit chercher, au moyen des thérapies adéquates et des psychothérapies en profondeur traitant l'Esprit immortel, à développer l'autoaffection. C'est seulement en développant cette vertu que l'Esprit réussira pleinement à éviter et à sublimer les mécanismes de culpabilité et de punition qui produisent des comportements sadomasochistes. »

Voyeurisme

40 – Une autre pratique très commune est le voyeurisme, dans lequel la personne recherche une satisfaction sexuelle en observant d'autres personnes avoir des relations sexuelles directement devant elle, sur un enregistrement visuel ou par d'autres formes de pornographie. Quelles sont les conséquences pour les personnes qui pratiquent cette forme de paraphilie?

« Un tourment continu et l'éloignement de la plénitude génésique par l'accomplissement d'un acte sexuel sain.

« Pendant que l'individu continue à satisfaire ses intérêts, dans ce contexte hallucinant, il néglige le sujet principal de son affection, soit lui-même, et il ne réussit pas à développer réellement sa santé sexuelle, car il continue à être victime et attaché, par lui-même, aux tableaux des illusions que cette pratique excite, sans lui donner accès à la plénitude. »

41 – Comment la personne qui pratique cette forme de paraphilie peut-elle agir pour se libérer de ce problème?

« Après une reconnaissance sincère de la paraphilie dans son comportement, l'Esprit doit chercher une aide psychothérapeutique, des lectures édifiantes, la pratique d'une activité saine et ennoblissante ainsi que la stimulation de sa sensibilité par une forme d'art élevé; et il doit éviter, par volonté de sa conscience, tout ce qui excite d'une quelconque façon une image érotisante, afin de se sentir pleinement capable de conquérir sa propre santé intérieure.

« En faisant l'expérience du plaisir de réussir à se rééquilibrer et à se reconquérir soi-même, la dignité éthique et morale renforcera ses émotions pour surmonter entièrement le voyeurisme. »

Zoophilie

42 – Une autre pratique courante est la zoophilie, c'est-à-dire le sexe avec les animaux, qui amène plusieurs personnes à ne se satisfaire sexuellement que lorsqu'elles utilisent des animaux, en repoussant le contact avec d'autres êtres humains. Quelles sont la cause spirituelle et les conséquences d'une pareille anomalie?

« Lorsque nous observons la paraphilie de type zoophilie, nous constatons une union intense entre des Esprits très attardés qui, soit dans le corps soit hors de celui-ci, établissent une relation intime très grave.

« Comme dans les pratiques de nécrophilie (sexe avec des cadavres), la zoophilie est un échange obscur entre les forces ténébreuses et l'être réincarné sur la Terre. C'est seulement par les expiations profondes que les Esprits inducteurs et les Esprits récepteurs de ce type de pensées pourront se libérer pleinement de ces mécanismes d'échange.

« Celui qui veut se libérer de cela par sa propre volonté trouvera dans le Spiritisme et dans les éclaircissements de l'obsession et de la désobsession, des ressources indispensables pour se distancer réellement et se connecter avec la santé mentale, physique et psychologique.

« Cependant, il devra reconnaître que les influences des Esprits de cette catégorie de déséquilibre pourront être présentes durant toute sa vie corporelle et, en raison de cela, il devra s'efforcer avec persévérance et motivation à progresser pour ne pas être victime ou partenaire de cette paraphilie de nature obsessive, pendant sa réincarnation. »

Exhibitionnisme

43 – L'exhibitionnisme est une autre paraphilie très commune, dans laquelle l'individu s'exhibe sexuellement de façon compulsive, que ce soit par l'exhibition des organes génitaux ou de ses activités sexuelles. Quelles sont la cause spirituelle et les conséquences de ce problème?

« L'Esprit et son processus hédoniste interfèrent au niveau émotionnel et dans le centre du discernement. Ceci nuit énormément au sens de la réalité extérieure et intérieure, un sens que la société autant que la famille, les religions et les philosophies doivent aider l'individu à comprendre et à penser de façon éthique et selon les modèles nobles que la société a déjà conquis.

« Il est vrai que ces Esprits sont dans un autre niveau de réalité où le sens extérieur et intérieur est gravement altéré.

« La cause spirituelle est un ensemble de circonstances qui impriment dans le psychisme de l'Esprit cette dimension hors des modèles de la normalité. Cependant, nous pouvons dire que le sentiment intérieur de l'exhibitionniste émerge d'un manque très profond, faisant en sorte que l'Esprit transfère vers son corps, sous la forme d'expositions excentriques de ses organes sexuels, son besoin intérieur très grand de se sentir aimé. La base de cette manifestation d'exhibition est l'impression qu'a l'Esprit de ne pas être remarqué, de ne pas être désiré par les autres ni même par

Dieu. Toute forme d'exhibition, qu'elle soit corporelle, psychologique ou sociale, dénote une carence profonde : quand l'Esprit ne s'aime pas, ne s'accepte pas, n'éprouve pas d'affection pour lui-même et, en conséquence, ne saisit pas les occasions de vivre des moments de plaisir sain dans les choses simples de la vie, dans les plaisirs le mettant en relation avec la nature et dans toutes les situations agréables spirituellement, il se sent grandement dépourvu et isolé.

« Alors il transfère cette inacceptation, d'une façon ou d'une autre, psychologiquement ou physiquement, jusqu'à tomber dans un comportement extrême d'exhibition de ses organes génitaux et de son développement sexuel.

« La cause est psychologique, comportementale et relationnelle, et seule la thérapie de l'autoacceptation peut amener un début de rétablissement.

« Il est évident que dans certains cas l'appareil cérébral est déjà endommagé et des traitements plus profonds associés à l'administration de psychotropes pourront aider à contenir les manifestations, sans pouvoir toutefois traiter la cause. Pour traiter la cause, il est nécessaire d'examiner la motivation profonde du désir de s'exhiber. »

Coprophilie et urophilie

44 – D'autres paraphilies ne sont pas communes, mais attirent tout de même un grand nombre de personnes, comme la coprophilie et l'urophilie, dans lesquelles la personne est satisfaite sexuellement si elle se salit de selles ou d'urine, respectivement. Certaines s'enduisent des fèces et de l'urine de leur partenaire, d'autres mangent les fèces et ils boivent l'urine. Quelles sont les causes spirituelles de pareilles aberrations?

« Une idée incohérente dans laquelle le sexe est un péché, une chose sale et associée aux aspects les plus vils de l'être humain. Les Esprits qui vivent ces paraphilies dommageables pensent que le sexe est totalement arbitraire et contraire à la pureté de l'âme.

« Ils se comportent donc de façon contraire à la pureté et établissent des relations entre eux par l'intermédiaire des excréments de l'organisme, comme les fèces et l'urine. Certains utilisent même le sang pour donner l'impression qu'ils sont arrivés au fond du puits, dans les plus terribles bassesses de cette perturbation.

« Ils ressentent du plaisir dans cette pratique, et ce plaisir morbide vient du processus égoïste et de la perturbation même de cette paraphilie. C'est comme si l'Esprit se disait, sans s'en rendre compte : *Puisque ressentir le plaisir est un péché et que le sexe est une chose sale, alors je serai complètement sale et fautif, et plus rien ne sera beau, sain ni utile dans le sexe.*

« Afin de trouver une solution à cette perturbation, un accompagnement psychologique resserré est nécessaire, de même que l'appui de la famille et la reconnaissance du problème par les membres de la famille et par la personne qui cultive cette perturbation, favorisant ainsi la réflexion sur la dimension sublime de la fonction sexuelle et sur la beauté et l'utilité du corps. Lorsqu'elle réfléchit sur tout cela, la personne doit reconnaître la cause de sa culpabilité et le sens de cette expérience dans son vécu. »

Viol

45 – Plusieurs hommes ne sont satisfaits sexuellement que lorsqu'ils soumettent une femme ou même d'autres hommes par la force, et les violent. Quelles sont les causes spirituelles de ce crime horrible?

« Lorsque quelqu'un fait du mal à un autre, il le fait d'abord à lui-même. C'est une Loi de la Nature, la Loi de Réciprocité. En faisant du mal à une femme, à qui l'homme cherche-t-il à porter préjudice en premier lieu? À sa polarité *anima*.

« L'Esprit qui n'accepte pas la forme que prend sa psychologie dans cette réincarnation traitera l'image de l'*anima* (c'est-à-dire toutes les formes féminines de manifestation de la vie, incluant celles en lui-même) comme un adversaire à attaquer, à frapper et à mutiler, en se justifiant par l'expérience d'une mère dominatrice ou d'une enfance où il a subi un abandon.

« Le violeur sait très bien le mal qu'il fait, et il trouve son plaisir dans le désespoir de la victime, mais il y a en lui-même un grand désespoir, car ce désir d'agresser sexuellement une femme est avant tout un désir de s'agresser intérieurement, d'agresser la polarité féminine que lui-même possède.

« Il veut agresser sexuellement la femme pour montrer sa domination, pour montrer sa force, mais il s'agresse intérieurement afin de pouvoir, de façon subconsciente, agresser toute figure féminine qui ne lui donne pas l'attention souhaitée et aussi toute structure féminine en lui à laquelle il n'a pas donné d'attention en vue de la travailler, de l'accepter et d'établir une relation.

« Dans plusieurs cas, des Esprits vivent sur la Terre dans leur corps actuel d'apparence masculine, pleinement acceptée par la société, mais conservent en eux des conflits d'identité générique très graves. La perturbation sexuelle du viol vise, en fait, à mutiler sa féminité qui pourrait révéler son homosexualité.

« L'engrenage des relations sexuelles, peu importe la forme qu'elles prennent, est toujours la manifestation de la relation de l'Esprit, d'une façon ou d'une autre, avec ses polarités, qu'il s'agisse d'une relation saine et heureuse ou malheureuse, grotesque et violente. »

Grossesse causée par un viol

46 – Dans les cas de grossesse provoquée par un viol, la loi brésilienne, par exemple, autorise la femme à avorter si elle le souhaite. Quelles sont les conséquences d'un avortement dans ces conditions?

« Les conséquences spirituelles et sociales sont très graves, car l'Esprit qui arrive dans le fœtus résultant d'un viol est possiblement le même Esprit qui a inspiré le violeur à agir, c'est-à-dire que même dans le cas des atrocités humaines, les Lois Divines mettent tout en œuvre pour l'harmonie, l'équilibre et la justice.

« C'est exactement par l'expérience de la naissance que cet enfant pourra réfléchir, dans l'intimité de sa conscience, sur sa vie et sur la façon dont il a été fécondé.

« La Loi Divine nous montre de beaux tableaux de justice et de miséricorde à chaque instant. Imaginons le violeur et sa victime et, dans un cadre plus large, l'un des Esprits inspirant le violeur et sa victime. Cet Esprit ne s'attendait pas à ce que l'action du violeur sur sa victime ait comme conséquence qu'elle soit enceinte et qu'il soit lui-même, l'inspirateur du viol, attiré psychiquement dans ce fœtus. Il est maintenant pris dans une nouvelle existence, non pas en fonction de sa propre volonté, mais par l'effet de la Loi de Justice et de la Loi de Cause et Effet, qui feront en sorte que la victime soit sa mère. Que pourra apprendre cet Esprit?

« Il pourra constater l'acceptation par cette femme de la tâche d'être sa mère, après avoir renoncé à son propre drame pour chercher la plénitude en prenant soin, durant plusieurs années, d'un petit enfant qui lui est tombé dans les bras et qui, grâce à l'éducation saine qu'elle lui donnera, développera de nouvelles habitudes. L'adversaire se transformera alors en enfant, en ami, en frère spirituel.

« N'est-il pas plus miséricordieux, plus juste et plus amoureux de constater que les Lois Divines mettent tout en place pour que l'être humain soit plus heureux, au lieu de simplement considérer des actes et des attitudes comme des fautes résultant des problèmes sociaux, comportementaux et psychologiques des femmes? L'enfant qui est créé dans ces circonstances n'a-t-il pas le même droit à la vie que tout autre enfant?

« La société matérialiste dicte ses lois en accord avec ses intérêts, mais Dieu fait Ses Lois en accord avec la Vérité, et celui qui a fait le mal et revient comme enfant de la victime est, dorénavant, invité à accomplir une mission : vivre avec la victime dans la condition d'enfant.

« Cette victime, de son côté, en étant la mère de cet Esprit, se trouve également dans un cheminement de réincarnation très bien défini. Mais dans les cas de viol, ce cheminement de réincarnation a des circonstances aggravantes, car un Esprit n'est jamais amené sur la Terre pour souffrir ou pour recourir à la violence.

« Cette mère n'avait d'aucune façon à se racheter en subissant la violence. Qu'a donc fait la Loi Divine, par l'intermédiaire de cet acte ignoble découlant du libre arbitre du violeur? Elle a créé un plus grand Bien.

« Cette femme, si elle accepte l'enfant qui vient à elle, pourra libérer son âme de plusieurs fautes; mais si elle n'y parvient pas, parce que trop troublée et atteinte psychologiquement, elle devra comprendre que, avant tout, la vie est un patrimoine de Dieu, et qu'en donnant cette vie à la société, il y aura une personne, attirée et guidée par les Lois Divines, qui pourra aider de façon adéquate en adoptant cet enfant.

« Ce serait grandement préjudiciable de considérer que, en raison du viol, la vie fœtale n'a pas de valeur et ne mérite pas d'être considérée. Ce serait un grand recul aux siècles d'ignorance et d'obscurité de la compréhension humaine. »

Le viol face à la justice divine

47 – Comment concilier l'omnipotence, l'omniscience et l'omniprésence divines avec le fait qu'une femme soit violée, considérant que, dans la question précédente, il a été dit qu'elle n'a pas réincarné pour être soumise à la violence à la suite de ses manquements aux Lois Divines?

« Dans ce cas, la question que nous discutons est d'ordre vital : Dieu peut-il permettre que tout individu subisse une chose qu'il n'a pas permise? Non, tout est soumis à la Loi de Permission. La violence ne découle pas de la volonté divine, mais elle ne peut survenir sans Sa permission. Tout ce que Dieu permet a une cause et un objectif.

« Ainsi, la victime de viol a réincarné avec une tâche offrant réparation et progrès, mais l'Esprit doit passer, avant tout, dans des situations d'expiation et d'épreuve afin de surmonter, en vertu de la Loi de Justice, les dettes qu'il conserve dans sa conscience.

« D'aucune façon, l'omnipotence, l'omniprésence et l'omniscience divines ne concordent avec l'acte de viol, et si personne ne réincarne pour faire le mal, personne ne réincarne non plus pour recevoir le mal d'un autre.

« Cependant, dans la vaste demeure des réincarnations de toute sorte, les Esprits passent d'un côté à l'autre en transportant dans leur propre âme leurs besoins intimes de justice divine.

« Dans le cas de cette femme qui a été violentée, qu'est-ce qui s'applique à elle? Ce qui s'applique à elle est la Loi de Justice en syntonie avec la Loi de Cause et Effet, parce que puisqu'il n'y a pas d'effet sans cause, il existe dans son bilan des réincarnations des actes commis dans le passé qui constituent une cause de ce viol, et cette cause n'est pas étrangère à elle, elle est en elle, dans sa propre conscience.

« Ainsi, l'acte commis contre elle est décidé par celui qui l'a commis, mais l'acte qui l'a atteint est survenu uniquement parce qu'au fond de sa conscience, l'Esprit vibre pour établir une justice intérieure, mais comme il ne s'était pas encore préparé, psychiquement et spirituellement, à réparer cette justice en syntonie avec la Loi d'Amour, la Loi d'Attraction a fait en sorte que la justice lui arrive de cette façon, par la douleur. Cela arrive ainsi parce que la justice divine accorde un certain temps à l'Esprit pour se préparer et pour réparer par l'amour. S'il ne se prépare pas et qu'il ne répare pas dans le temps qui lui est alloué, alors la justice divine l'atteindra d'une autre façon, douloureusement.

« Lorsque l'Esprit, par paresse morale, ne se décide pas à travailler en vue de sa restauration par l'amour, la douleur l'atteint, par l'effet de la Loi d'Attraction, pour l'inviter à retourner à l'amour dont il s'est éloigné.

« La justice divine, qui est toujours amoureuse, met l'individu en situation douloureuse pour susciter l'amour. Souvent, la façon de le susciter est d'avoir une idée exacte du mal qui a été fait, au moment d'accueillir la douleur expiatrice.

« Souvenons-nous que tout commence par la reconnaissance. Nous avons mentionné ceci dans une majorité de réponses. C'est un point fondamental. Il y a deux façons de se reconnaître. L'Esprit peut reconnaître le mal qu'il fait par une utilisation amoureuse de son libre arbitre, ou il peut être convoqué à reconnaître par une expérience douloureuse le mal qu'il a fait. Tout survient au nom de cette reconnaissance afin que, par la suite, l'Esprit se libère par sa propre volonté.

« Dans le cas de la femme violentée, elle a vécu cet événement, en raison de la Loi d'Attraction, pour ne pas avoir reconnu et réparé le mal fait. Mais si elle s'était préparée, avant cette réincarnation ou durant la réincarnation, en profitant des innombrables occasions de réparation amoureuse que la Vie offre, peut-être n'aurait-elle pas eu besoin de passer par cela. Elle aurait déjà éveillé sa conscience autrement.

« C'est un point très important, c'est même le point culminant de la question et pas seulement en matière sexuelle. Nous parlons ici de la justice divine en toute situation.

« Certains comprennent et défendent l'idée que l'Esprit doit payer pour le mal qu'il a fait, comme si Dieu était un tyran; d'autres voient Dieu comme étant injuste, parce qu'il fait payer les Esprits pour ce qu'ils ont fait. Ce sont deux compréhensions incorrectes de la Loi de Justice.

« La Loi de Justice fonctionne en conjonction avec l'Amour et la Charité. C'est la Grande Loi avec trois dimensions : Justice, Amour et Charité. Ces trois dimensions de la Loi sont en syntonie avec la Loi de Miséricorde et la Loi de Réparation.

« L'Esprit est **invité à réparer** le mal qu'il a fait. Dans toutes les dimensions de l'existence, la réparation est la principale invitation, qui commence, dès que l'acte est commis, par le repentir, qui est suivi par l'expiation et, finalement, par la réparation.

« L'Esprit, dans ce cas la femme violentée, était déjà repenti. À partir de là, il fut invité à faire un mouvement d'expiation : *extraire la pureté de l'intérieur d'elle-même*, en se soumettant à la Loi de Réparation et en faisant le bien dans la limite de ses forces dans le domaine où il a erré dans le passé. Par la Loi du Libre Arbitre, il peut utiliser sa propre volonté ou bien demeurer figé dans la paresse morale.

« Cependant, l'Esprit a un certain délai, durant son

existence, pour cultiver les vertus par le moyen d'exercices afin de s'améliorer, en fournissant à la Vie d'autres formes de solution pour le mal qu'il a fait dans le passé. S'il ne se décide pas à faire le bien dans la limite de ses forces, il actionne la Loi d'Attraction pour une épreuve.

« De façon générale, nous voyons que cette Loi fonctionne comme une véritable antenne. Le mental de l'Esprit émet constamment des ondes vers les Lois Divines, à la recherche de justice. Ceci le conditionne, étant en syntonie avec les Lois Divines, à dire s'il est libéré ou non des dettes existantes dans sa propre conscience, selon un délicat processus de transmission et de réception lié à la Loi de Cause et Effet.

« Tous les Esprits émettent et captent constamment ces échanges avec les Lois, en se demandant au plus profond d'eux-mêmes : **Suis-je quitte, suis-je en paix?** Et les Lois répondent, métaphoriquement, dans sa conscience : **Pas encore, tu dois continuer à travailler!** ou **Oui, tu es quitte!**

« Lorsque l'Esprit subit une situation de violence sexuelle, que se passe-t-il? Il émet l'énergie de la pensée vers les Lois Divines, en se demandant s'il est quitte ou non, et les Lois Divines disent dans sa conscience : **pas encore.** Face à un agresseur, avec lequel il partage les mêmes caractéristiques du passé, il finit par l'attirer, car l'agresseur capte, dans son subconscient, l'énergie des pensées de la future victime, qui se sent **en dette avec la Loi Divine dans cette région.** C'est par la force de l'attraction que les deux en viennent chacun à répondre à son besoin dans cette violence.

« Ceci est une explication générale et simplifiée de l'attraction entre la victime et son bourreau, en comprenant clairement, avant tout, l'omnipotence de la justice de Dieu, dans tous ses aspects : elle invite toujours l'Esprit à faire le bien en toute chose plutôt que d'attendre que les événements se produisent douloureusement dans sa vie. »

48 – Dans les cas de grossesse provoquée par un viol, pouvons-nous conclure que l'Esprit qui réincarne, par l'effet de la Loi d'Attraction, a un lien avec la victime qui l'attire? Normalement, est-ce cet Esprit, qui a suscité le viol et est lié à la future mère dans un processus de vengeance, qui réincarnera?

« De façon générale, oui, mais il y a des cas exceptionnels où des Esprits très nobles réincarnent après un viol, justement pour aider la mère, qui a été violentée, à surmonter psychologiquement le drame. Malheureusement, de nombreuses mères, qui auraient un protecteur dans leurs bras pour les aider, commettent le crime de l'avortement. »

Syndromes génétiques et sexualisme

49 – Y a-t-il une quelconque relation entre les syndromes génétiques engendrant l'hermaphrodisme et le pseudo-hermaphrodisme, par exemple, où l'individu présente des organes génitaux externes et internes indifférenciés, associés à un certain degré de débilité mentale, et la pratique de perversions sexuelles dans d'autres existences? Comment pouvons-nous comprendre cette question, en tenant compte des questions spirituelles profondes?

« Le corps possède ses composantes biologiques particulières. Lorsque nous étudions la nature corporelle des animaux, nous constatons la présence de mutations génétiques et, lors de leur naissance corporelle, les animaux manifestent des déficiences génétiques et, parfois, des difformités. L'animal ne ressent pas la caractéristique morale de ces difformités, car son sens moral n'est pas développé.

« Son expérience, dans ce domaine, est que sa propre nature et l'organisation cellulaire construisent les systèmes évolutifs et les combinaisons génétiques proprement dites, ce qui n'empêche en rien que la force supérieure des Lois Divines est manifestement présente dans la matière.

« L'état des êtres humains est très variable lorsque se constituent les difformités physiques. L'humanité a déjà conquis le sens moral et, en raison de cela, chacun ressent l'impact des transformations génétiques en lui-même. Ce résultat n'est pas constitué au hasard des altérations de la matière ou des forces génésiques, ni des forces génétiques, comme la transformation des chromosomes. Il s'agit d'une expiation où l'Esprit est réincarné dans un corps génétiquement transformé en raison de ses choix indus du passé.

« Dans le cas de l'hermaphrodisme, par exemple, cette expérience de l'Esprit résulte de son passage entre les deux polarités, masculine et féminine, sans réussir à organiser son périsprit, parce que son mental étourdi n'a pas adapté son attitude de façon adéquate à l'égard des forces génésiques. Il réincarne dans un corps avec les deux séries de caractéristiques sexuelles, féminines et masculines, qui offre à l'Esprit une occasion unique de gérer physiquement cette expérience qui a un grand impact sur son psychisme.

« Pourquoi cette expérience se produit-elle dans le corps? Parce que le corps, dans lequel l'Esprit réussit à peine à se fixer dans la personnalité qui le caractérise dans cette réincarnation, par l'effet de la Loi de l'Oubli, subit l'impact de l'expérience du désordre génétique. L'Esprit doit gérer les conséquences émotionnelles et morales de ses choix antérieurs.

« Il n'y aurait aucune justice, de la part de la Providence Divine, si elle permettait qu'un Esprit, doté d'une sensibilité morale et qui comprend les conséquences de ce qui lui arrive, habite un corps génétiquement modifié par la nature, avec des difformités, seulement pour faire une expérience, car les impacts moraux de cette expérience sont très grands. Il ne s'agit donc pas alors simplement d'une expérience matérielle, mais plutôt d'une invitation à réparer, par le moyen de l'expiation déterminée par l'Esprit pour rééquilibrer ses forces sexuelles. »

Perversion sexuelle

50 – Étant donné cette confusion intense des sensations, dans laquelle l'Esprit incarné se délecte, en se complaisant dans les bassesses, il est clair que la libération demande un effort soutenu de la volonté. Quelles sont les actions que peut poser une personne, qui est consciente du mal qu'elle se fait à elle-même, pour surmonter sa perversion sexuelle?

« Si, tel que la question le définit, nous considérons que la personne est consciente du mal qu'elle se fait à elle-même, nous devons alors nous demander : **d'où vient la conscience réelle du mal qu'elle se fait à elle-même, qui n'est pas capable de la faire arrêter de pratiquer ce mal?** Nous constatons alors que l'Esprit n'est pas véritablement conscient du mal qu'il pratique. Il a seulement des informations qui lui donnent la certitude qu'il fait quelque chose à son propre détriment, mais la conquête réelle de la conscience du mal lui donnera toutes les instructions pour chercher ce qui lui fait du bien.

« Cette conscience se situe au-delà du savoir, c'est une conscience qui favorise le ressenti. Ce n'est pas seulement la conscience de ses actes, c'est la conscience des conséquences de ses actes, c'est-à-dire la conscience de toute la souffrance, de toute la douleur morale et même physique, qu'il ressent lors de la pratique des perversions, et c'est là l'élément central pour s'en libérer.

« L'Esprit doit diriger son attention vers les conséquences

de ce qu'il fait, vers la souffrance qu'il provoque en lui-même et vers l'éloignement véritable que cela produit avec la tranquillité et avec la paix de l'âme. Il reconnaît les tendances qui existent en lui et sait combien elles sont imprégnées dans ses comportements, mais, au lieu de les rejeter et de les nier, il prend la décision d'accepter de vivre avec elles, sans les laisser s'imposer.

« C'est comme si une personne reconnaît qu'elle est menottée à un prisonnier, sans être obligée de vivre dans la même cellule que lui, si elle en décide ainsi. Elle pourra vivre avec lui dans une certaine liberté, mais elle devra gérer les menottes qui la retiennent encore attachée au prisonnier près d'elle.

« Elle sait que pour se libérer véritablement de ces menottes, elle devra faire de grands efforts pour accueillir le prisonnier et lui faire pleinement expérimenter le sentiment de respect, de moralité et d'amour envers lui-même. À un certain moment, quand l'Esprit entrera dans cette orientation éthique et de respect envers lui-même, les menottes ne seront plus nécessaires, et alors il n'y aura plus de cellule ni de prisonnier.

« C'est ainsi que l'Esprit qui ressent des tendances à la perversion sexuelle peut se libérer de façon consciente. Il reconnaît les déficiences qu'il possède, les comprend toutes, mais décide de toutes ses forces de ne pas les laisser s'imposer. Il décide de vivre avec elles sans leur céder. »

2.5 – Dysfonctions sexuelles

Impuissance et frigidité

51 – Nous vivons dans une société érotisée dans laquelle le sexe prime, et le fait d'avoir ou non des orgasmes est une préoccupation de plus en plus aiguë pour plusieurs personnes. Para-

doxalement, les dysfonctions sexuelles, comme l'impuissance, la frigidité et le vaginisme, sont plus fréquemment observées. Quelles sont les raisons psychiques et spirituelles d'un tel phénomène?

« L'Esprit sait à l'intérieur de lui ce qu'il fait de ses forces génésiques. Il sait, au fond de sa conscience, la part exacte de ses efforts visant à promouvoir sa santé ou à développer de graves maladies de l'âme. L'Esprit actionne des mécanismes dans son subconscient qui ont un effet dans la conscience et sur les actions physiologiques, générant des dysfonctions sexuelles.

« Il va de soi que les facteurs physiologiques doivent être aussi considérés, mais la force génésique bien équilibrée, respectée intégralement avec ses composantes d'amour et de sublime pour la vie, offre continuellement à l'homme et à la femme la pleine réalisation de leurs activités sexuelles, lorsqu'ils sont en syntonie élevée avec la Loi d'Amour.

« Ces dysfonctions surviennent essentiellement parce que l'Esprit concentre son attention sur le plaisir plutôt que sur le sentiment. Le sentiment n'est pas une énergie vague et abstraite; il provoque, par l'intermédiaire de mécanismes intérieurs de connexion avec les forces neurologiques du corps, des stimulations marquantes qui vitalisent le corps et dynamisent la santé, lorsqu'il est pleinement connecté avec les Lois d'amour de la Vie. Au contraire, il épuise et fragilise les forces physiologiques lorsque l'Esprit, dans ses choix malheureux, décide de se lier uniquement à ses vices.

« Il est vital de se concentrer, avant tout, sur sa santé spirituelle en visant l'amélioration émotionnelle, mentale et morale de l'Esprit. Ceci fournit à l'ensemble du système reproducteur une connexion directe avec les forces génésiques de l'existence.

L'homme et la femme, en canalisant bien leurs volontés et attentes, trouveront certainement, par l'intermédiaire d'une expression sincère de l'affection, la pleine réalisation des fonctions sexuelles, qui ne seront pas vues sous le seul prisme réductionniste du coït, mais comme une pleine et belle activité d'échange d'amour. »

Dysfonction érectile, sexe au troisième âge et utilisation de médicaments

52 – Une des dysfonctions sexuelles les plus communes chez les hommes est la dysfonction érectile, appelée impuissance sexuelle, qui se produit souvent à un âge avancé, mais qui concerne de plus en plus d'hommes jeunes, en raison d'une préoccupation excessive à propos de la performance sexuelle. En conséquence, plusieurs utilisent des médicaments qui agissent sur le système physiologique gouvernant l'érection pénienne, lorsque le problème est d'ordre psychologique. À cause de cela, les médicaments qui agissent sur la fonction érectile sont les plus vendus de nos jours sur la Terre.

De même, plusieurs femmes sont encouragées à utiliser des hormones féminines (œstrogènes) et masculines (testostérone) afin de se maintenir sexuellement actives après la ménopause, en argumentant qu'elles ont le droit de pratiquer le sexe toute leur vie.

Y a-t-il un quelconque problème pour le corps physique et pour le corps fluidique de l'Esprit qui utiliserait ces médicaments de façon systématique? Quelles sont les conséquences spirituelles d'une utilisation irréfléchie pour les hommes jeunes ou plus vieux et pour les femmes qui utilisent des hormones afin de se maintenir sexuellement actives?

« Toute utilisation abusive amène, évidemment, un état de manque par la suite. Il faut considérer chaque cas selon sa situation, mais, de manière générale, nous devons dire que d'aucune façon l'utilisation de médicaments pour stimuler la capacité sexuelle ne signifie le bonheur sexuel. Cette perception est le fruit d'une culture hédoniste, dirigeant toute l'attention vers le plaisir que les êtres cherchent anxieusement, sans le trouver, et ce, même avec une utilisation abusive de tous les médicaments créés par l'humanité.

« Précisément, la source de cette distorsion de perception est dans la méconnaissance de ce que signifie réellement le sexe dans l'existence corporelle, car le sexe est considéré comme une source dépréciée ou méprisable par rapport à sa fonction réelle, qui est d'ordre spirituel : l'homme et la femme sur la Terre recherchent pour la plupart le sexe pour assimiler les plaisirs d'ordre strictement matériel.

« Il est clair que les conséquences de cela sont une angoisse et la recherche de plaisirs plus intenses que le corps ne peut assimiler ni générer, ce qui en amène plusieurs à chercher par l'intermédiaire de ces médicaments une solution reconnue à leurs problèmes d'impuissance sexuelle et d'absence de libido, principalement chez les femmes.

« Pourtant, il est utile de réfléchir que plus grande est l'étendue de la mer, plus une petite bouteille d'eau salée donnera soif. Ainsi, plus l'être humain cherchera son épanouissement par l'effet des médicaments, des opérations chirurgicales ou des stimulants de toute sorte, plus il crée pour lui-même un océan d'eau salée, et il demeurera totalement assoiffé de véritable satisfaction et du véritable plaisir des émotions. Il boira un peu de cette eau et continuera à se sentir immensément vide, avec une soif toujours plus grande.

« Cependant, si l'être humain peut trouver la petite source, limpide et située au sein même des forces de sa nature humaine, mais si dépréciée par la majorité parce qu'elle n'a pas les attraits esthétiques et exotiques de la matière, alors il trouvera la paix, car cette source ouvrira un courant sans fin et amoureux, telle une rivière abondante qui traversera les sinuosités de l'existence et se déversera dans les océans salés.

« C'est là la grande différence. L'eau transparente et pure de l'affection, de la tendresse respectueuse, de l'union désintéressée, de l'expression d'un sentiment conjugal amoureux, ainsi que de l'échange dans une relation équilibrée, est ce qui fait naître la source limpide et transparente qui se déverse ensuite dans l'océan salé et équilibre la nature génésique de l'individu. Ceci transforme, renouvelle et offre véritablement la plénitude. »

Aversion sexuelle

53 – Inversement, il existe des personnes qui, même dans une culture sexualisée, ont le sexe en aversion, et ont parfois même une phobie du sexe. Quelles sont les causes spirituelles de ce trouble et que faut-il faire quand la personne le manifeste?

« Les causes spirituelles de la phobie sexuelle sont des traumatismes intenses vécus par l'Esprit, que ce soit durant son enfance ou à l'âge adulte lors de réincarnations antérieures.

« Un certain traumatisme vécu par une personne dans le domaine sexuel peut l'amener à cet état de phobie et condamner le sexe en lui-même, comme mécanisme de projection de ce qui s'est passé dans la relation avec d'autres personnes.

« Généralement, il s'agit de cas où il y a eu une violence sexuelle claire ou bien la personne elle-même a commis un acte de violence sexuelle qui a marqué ses mécanismes au point d'inhiber le circuit de valorisation de son activité sexuelle.

« Ce n'est pas seulement un état psychologique. Les recherches dans le domaine de la physiologie humaine sur la Terre ont constaté que ces hommes et ces femmes créent des processus physiologiques et chimiques qui inhibent les facteurs sexuels.

« L'Esprit, en tant qu'organisateur et maître du corps de cette expérience de réincarnation, émet, de façon subconsciente, des substances qui éliminent toute perception de libido, en plus d'avoir une aversion pour l'acte sexuel, sous la forme d'une phobie. Toutefois, intérieurement, la libido existe, mais elle n'est pas manifestée, ce qui démontre que l'Esprit est invité à redonner un sens plus profond aux marques traumatiques.

« Pour ceux qui sentent cette phobie et souhaitent y apporter une solution, l'appui psychologique et spirituel est fondamental.

« Ceux qui cherchent des réponses spirituelles doivent être conscients que l'expérience sexuelle du corps est un patrimoine de la nature divine et ne comporte rien de mal, fautif ou sale, et que les expériences des réincarnations antérieures font partie du passé.

« Incarné dans un nouveau corps, dans une nouvelle expérience évolutive, l'Esprit est convié à aller au fond de ces traumatismes pour en découvrir les causes et trouver des solutions qui lui permettront de se sentir pleinement réalisé. Ce n'est pas l'éloignement de l'acte sexuel qui lui apportera la paix intérieure. Ce qui lui donnera la paix, c'est la recherche consciente de la solution au traumatisme qu'il conserve en lui-même.

« Plus l'Esprit s'accueillera autoamoureusement, en comprenant les mécanismes qui l'ont amené comme homme ou comme femme à ce traumatisme, transformé en phobie, mieux ce sera. Après cela, il doit s'efforcer à ressentir les petits plaisirs de la vie, comme le plaisir de la bonne compagnie et des recherches édifiantes d'un ou une partenaire qui donnera un sens à la fonction sexuelle.

« Pour cela, il pourra recevoir l'aide de la médecine sur la Terre, par l'intermédiaire d'un traitement adéquat, et entreprendre un processus d'autoconnaissance, dans une approche holistique de résolution de ce problème, afin de pouvoir vivre pleinement ses fonctions sexuelles, dans un cheminement d'auto-réalisation de soi. »

Dyspareunie et vaginisme

54 – Plusieurs femmes sont sujettes à des dysfonctions comme la dyspareunie (douleur lors de la relation sexuelle) et le vaginisme (contraction intense du vagin empêchant ou rendant très douloureux l'acte sexuel) sans cause, organique ou psychologique, identifiables. Ces dysfonctions auraient-elles leur origine dans des expériences traumatiques vécues dans des existences antérieures? Quel est le mécanisme qui génèrerait ces dysfonctions? Comment la femme peut-elle se libérer de tels problèmes?

« Les mécanismes neurologiques impliqués dans ce cas n'ont pas encore été étudiés complètement. Plusieurs ne seront dévoilés que dans les générations futures.

« Les mécanismes de la douleur dans les processus intérieur et psychologique de la femme opèrent, avant tout, par souvenirs ataviques qui, toute proportion gardée, la conditionnent à ressentir cette dysfonction.

« C'est très important de rappeler que la femme n'est pas seulement femme, c'est un Esprit dans un corps de femme. Cet Esprit a une histoire et, conséquemment, un ensemble d'expériences vécues en matière sexuelle. Les causes peuvent être variées, car chaque Esprit passe par diverses expériences dans le domaine de la sexualité et des actes sexuels.

« Cependant, en synthèse, nous pouvons dire, pour le

moment, qu'il s'agit d'un mécanisme profond d'autoculpabilité, dans lequel l'Esprit émet, par l'intermédiaire des synapses cérébrales qui agissent sur le système nerveux central et, par la suite, sur d'autres aspects de la sensibilité de l'organisme, un état de douleur au moment de l'acte sexuel.

« Il s'agit d'un mécanisme intérieur de pénitence que seul un cheminement vers l'autopardon, vers la valorisation de l'existence et vers un acte de louange à la vie peut aider à résorber, en plus des soins attentionnés de la médecine qui offre aujourd'hui des médicaments appropriés.

« Mais quelles que soient les avancées technologiques en matière de médication propre à ce problème, nous ne pouvons pas oublier que c'est l'Esprit qui crée la réalité de son corps et, de ce fait, il est nécessaire d'intégrer les conquêtes de la matière avec les connaissances spirituelles sur soi-même. De cette façon, l'Esprit pourra avancer vers une thérapie précise et retrouver la santé intégrale. »

Absence de plaisir et désintérêt sexuels

55 – D'autres problèmes féminins très fréquents sont la frigidité (absence de plaisir sexuel) et la diminution de la libido (désintérêt sexuel), qui ont pour effet de rendre les relations sexuelles, généralement une composante naturelle du mariage, un véritable fardeau pour les femmes atteintes. Quelles sont les causes spirituelles de ces dysfonctions et comment la femme atteinte peut-elle en prendre soin?

« Nous avons déjà dit auparavant que l'abus va provoquer ensuite le manque. Dans les cas de frigidité, ce qui manque à la femme est l'autoaffection, en raison de l'abus de la sexualité dans son passé spirituel.

« La femme qui ressent le plaisir sexuel est dans un état d'intense communion avec ses forces génésiques; mais si elle abuse de ses forces génésiques, en recherchant des plaisirs excentriques et lésant les forces intérieures du sentiment, c'est-à-dire les engrenages de l'affectivité, l'Esprit lui-même bloque les sensations du plaisir sexuel, par effet de syntonie avec son périsprit. Dans une prochaine réincarnation, l'Esprit pourra expérimenter la dysfonction de la frigidité.

« Ça demeure un mécanisme d'autopunition aussi. Cependant, ce mécanisme amène l'Esprit à se questionner sur le sens de cette incapacité à ressentir le plaisir, que d'autres femmes ressentent et que son corps devrait sentir; et cela lui cause une grande angoisse. Cette angoisse n'est en rien erronée, car elle provient d'une cause. Mais si elle ne cherche pas à trouver une solution par un processus intérieur d'autoreconnaissance des causes générées par elle-même, sur lesquelles les connaissances spirites peuvent l'éclairer, alors elle pourrait laisser pour plus tard la résolution de ce qu'elle pourrait régler dès aujourd'hui, en décidant de développer ses sentiments affectifs avant de chercher le sexe pour le sexe.

« Ce ne sont pas les mécanismes chimiques ou médicamenteux qui apporteront à la femme la pleine solution à ce problème, parce que la cause ne se trouve pas dans l'acte sexuel. Elle est dans le manque d'affection, et c'est cela qui génère par la suite le blocage comme mécanisme de punition que l'Esprit s'inflige à lui-même et qui obstrue la sensation de plaisir, reliée directement au chakra du plaisir.

« Pour trouver une solution évidente à cette question, nous considérons d'une importance vitale que la femme cherche, avant tout, l'appui psychologique et affectif d'une relation intime. L'appui psychologique afin qu'elle puisse comprendre le pourquoi et la nature du phénomène qui l'affecte. L'appui d'une relation intime est fondamental afin qu'elle puisse, par l'intermédiaire du contact avec l'être aimé, faire l'expérience de ressentir le réel plaisir émotionnel et développer ensuite le plaisir physique. Malgré le fait que la médecine stipule que cela n'est pas possible, des expériences démontrent qu'il est possible de retrouver la pleine utilisation du plaisir sexuel par le moyen de l'affection. C'est parfaitement possible. »

L'adultère comme stimulant sexuel

56 – Une autre pratique encouragée par des professionnels, comme les psychologues, les psychiatres et les sexologues, est l'adultère, sur la base que les dysfonctions sexuelles, comme l'impuissance, la frigidité et la diminution de la libido, sont le résultat de la monotonie des relations sexuelles pratiquées exclusivement dans le mariage. Ils disent que la personne a le droit d'avoir des orgasmes, même si c'est dans une relation extraconjugale, et que cela peut améliorer la sexualité dans le couple. Quelles sont les conséquences émotionnelles et spirituelles d'une telle pratique?

« Une grande crise émotionnelle. L'adultère complique les engrenages profonds des émotions, en plus d'être un acte contraire à la Loi d'Amour, de Justice et de Charité dans la psychologie de l'être. Celui qui pratique l'adultère crée, dans le tableau de ses émotions, un sentiment d'insécurité, parce que celui qui trahit se sentira évidemment menacé, par la suite, d'être trahi, et il croira constamment qu'il l'est, car sa conscience l'alerte ainsi de son attitude erronée et de son choix malheureux. L'Esprit transforme cette expérience erronée en un chemin délictueux, de plus en plus large, lorsqu'il n'accepte pas l'erreur dans sa propre âme.

« Ces points de vue sur la pratique de l'adultère comme

stimulant sexuel s'expliquent par le fait que nous sommes dans une société éminemment égoïste, où chacun cherche à satisfaire ses propres intérêts et crée des idées fantaisistes au nom de la liberté, ce qui ne signifie rien en termes de paix, mais génère des tourments et des dommages pour son propre bonheur.

« Si nous méditons sur la Loi d'amour, nous rencontrerons une vraie réponse à ces processus hypnotiques collectifs, qui génèrent des idées malsaines cherchant à éloigner l'homme et la femme de leur véritable réalisation, en tant qu'Esprits immortels.

« Selon la Loi d'Amour, nous ne ferons rien aux autres que nous n'aimerions pas que d'autres nous fassent, alors, considérant la Loi de Justice, pourquoi agir de façon contraire à ce que nous attendons des actions des autres envers nous? Selon la Loi d'amour, permettrait-on que celui avec qui nous vivons s'engage dans un processus erroné simplement pour satisfaire nos propres intérêts? Car celui qui trahit le fait avec quelqu'un. Alors, il se fait mal à lui-même et il fait mal à son partenaire d'adultère, créant ainsi une double erreur.

« Pourtant, nous devons aussi considérer les sentiments de la troisième personne concernée. Ceci nous amène à penser à la confusion douloureuse créée par la décision de faire l'adultère.

« C'est pour cela que, par la suite, l'Esprit ne réussira pas à établir une relation solide dans ses autres expériences affectives. Son cœur est tellement obnubilé par le sentiment de la trahison qu'il a commise qu'il ne se sent pas capable intérieurement d'être heureux et, en conséquence, de construire une relation heureuse.

« Les conséquences de l'adultère peuvent amener à une douleur extrême. De plus, par influence directe ou indirecte, celui qui a été trahi peut commettre le suicide, ce qui complique encore davantage les conséquences.

« Le Maître nous a rappelé la Loi de Moïse : Tu ne commettras pas l'adultère, en commentant que celui qui désire une autre femme, même en pensée, a déjà commis l'adultère. Pensons aux conséquences et à la portée de ceci, au-delà d'un acte isolé, et nous constaterons qu'une grande part des souffrances dans les relations humaines, entre les hommes et les femmes, provient des choix malheureux de commettre l'adultère. »

Maladies transmises sexuellement

57 – Un autre problème qui progresse de façon inquiétante concerne les maladies transmises sexuellement, conséquemment au sexualisme qui domine aujourd'hui. Pourrions-nous décrire cette situation comme un suicide subconscient, étant donné que plusieurs maladies, comme le syndrome immuno-déficitaire acquis, n'ont pas de traitement? Quelles seraient les conséquences pour l'Esprit de ce manque de prudence?

« Nous pourrions considérer cela comme un suicide subconscient : pas un suicide aussi direct que celui qui décide de se tuer d'un moment à l'autre, mais un suicide lent et progressif dans lequel l'Esprit, conscient des risques et des conséquences possibles, assume la responsabilité.

« Dans une société encore dominée par la sensualité, les personnes n'envisagent pas cela du point de vue de l'Esprit immortel. Premièrement, elles se croient propriétaires d'un corps qui ne leur est que prêté et, pour cette raison, elles abusent de ses forces sexuelles. Cela ne veut pas dire qu'elles seront exemptes de responsabilités par rapport à la façon dont elles auront géré la santé du corps et par rapport aux processus intérieurs par lesquels elles auront pratiqué le sexe avec ce corps.

« Toute la responsabilité s'inscrit dans la conscience, qui

ne perd pas une seconde du déroulement interminable du temps. L'Esprit peut ne pas comprendre consciemment les choix qu'il fait, mais la conscience sait nommer la gravité des conséquences de chaque choix et la façon dont l'Esprit fut avisé, à plusieurs moments, de faire les bons choix au lieu des choix malheureux.

« Cela doit être clairement analysé, quand l'Esprit prend conscience que l'expérience dans le corps n'est pas une excursion de plaisirs, mais une expédition sérieuse pour l'évolution spirituelle, afin qu'il puisse, à partir de cela, prendre ses décisions en fonction de son évolution spirituelle.

« L'obtention d'un état de paix n'arrive pas au moyen de la paresse spirituelle. Il est important d'examiner si, dans les expériences sexuelles, nous recherchons le plaisir paresseux ou nous privilégions le plaisir spirituel.

« Ceux qui jouissent d'une vie sexuelle déséquilibrée et ne se préparent pas à la réalité spirituelle, qui arrivera tôt ou tard, peuvent vivre constamment, par l'intermédiaire du sexe intense, des unions de suicide. En effet, ce ne sont pas seulement les maladies qui sont associées au suicide, cela concerne aussi l'ensemble de l'attitude déséquilibrée en matière sexuelle, car elle est déconnectée des Lois Divines. »

2.6 – Sexe et obsession

Sexe dans la dimension spirituelle

58 – Dans le livre Sexo e Obsessão (Sexe et obsession), mentionné précédemment, l'auteur aborde de façon discrète le sujet de la promiscuité sexuelle et du sexe entre désincarnés et entre incarnés et désincarnés. Comment ces manifestations sexuelles se produisent-elles? Comment un désincarné peut-il pratiquer le sexe s'il n'a pas d'organisation physique comme les incarnés? Est-ce dû à un processus de vampirisation des fluides vitaux d'incarnés?

« Le périsprit prend la forme que le mental projette. Dans le monde spirituel, le corps physique n'existe pas, mais c'est cependant la structure physiologique du périsprit qui a donné sa forme au corps physique sur la Terre.

« Le sexe comme nous le comprenons n'existe pas dans le monde spirituel, mais il existe une union des énergies des centres vitaux entre les Esprits qui est très dommageable. Ils s'unissent comme par des blessures ouvertes où se produit un échange de fluides, cherchent dans leur mémoire les souvenirs de ce qu'ils ont vécu sur Terre, et tentent de les revivre de toutes les façons possibles. Étant donné que les fluides matériels ne sont pas présents, ils cherchent à les obtenir par la vampirisation des incarnés.

« Ils peuvent emporter certaines substances fluidiques des incarnés et se les greffer, en maintenant l'idée illusoire qu'ils sont temporairement dans un corps et, par la force de l'imagination et de la mémoire, ils croient pratiquer le sexe comme s'ils étaient sur la Terre. »

Sexe et techniques d'obsession

59 – Comment se produisent les phénomènes d'obsession liée au sexe? Quels sont les moyens que les Esprits utilisent pour cette pratique?

« Le phénomène d'obsession liée au sexe n'est pas si différent du phénomène d'obsession liée à d'autres aspects de la pensée ou du comportement humains.

« La différence se situe dans l'objet qui constitue le

centre d'attention que les Esprits obsesseurs utilisent lorsqu'ils veulent obséder un individu par rapport au sexe déséquilibré. Ils s'organisent en groupes très larges pour séjourner dans des lieux de perversion ou même dans des endroits considérés de bon caractère, mais où se rencontrent des êtres pervertis. À cause de cela, même les foyers qui sont apparemment bien sur la Terre, mais dont les locataires sont dépourvus de valeurs morales, constituent des proies faciles pour ces Esprits.

« Ils s'approchent d'eux, suscitent en eux des pensées sensuelles, et suggèrent des imaginations torrides et différentes scènes d'érotisme. Lorsque le corps des êtres incarnés est baigné d'un courant fluidique relié à ces pensées, et que ceux-ci décident d'étendre ce déséquilibre, que ce soit sous la forme d'un adultère déclaré ou de fantaisies sexuelles excentriques, les Esprits profitent de toutes ces sensations que l'incarné offre et s'aimantent complètement à ses centres de plaisir.

« Ils se connectent directement aux chakras du plaisir et à celui de la transcendance, dans un mécanisme médiumnique invisible et subconscient. L'incarné devient presque totalement l'instrument des sensations que l'Esprit désire ressentir. En conséquence, l'incarné ressent alors peu de choses, et l'Esprit ressent beaucoup, car il est aimanté à lui.

« Dans certains moments, l'incarné complote avec les Esprits des ténèbres sur des idées sexuelles terribles, pas seulement déséquilibrées, mais véritablement grotesques, et les Esprits font alors de grands efforts pour profiter au maximum des fluides que l'incarné leur offre.

« Il s'agit d'une scène d'obsession collective et peut-être cela constitue une distinction avec les autres types d'obsession, car l'obsession sexuelle implique presque toujours de nombreux Esprits autour d'un ou deux incarnés. »

Éducation sexuelle dans le monde spirituel

60 – Dans le livre Sexo e Destino (Sexe et destin), mentionné précédemment, l'auteur témoigne de l'existence d'écoles d'éducation sexuelle dans les colonies spirituelles et il présente une statistique de l'Institut Almas Irmãs (Âmes soeurs) à l'effet que dans chaque groupe de cent étudiants, 18 seront victorieux dans leurs objectifs de réincarnation, 22 se seront améliorés, 26 auront réalisé des améliorations imparfaites et 34 auront contracté de nouvelles dettes lamentables et douloureuses. Pourquoi un grand nombre de personnes succombe-t-il aux erreurs sexuelles, malgré leur préparation spirituelle?

« L'Esprit, avant qu'il ne réincarne, pense comme un Esprit immortel, mais n'a pas encore conquis les vertus nécessaires pour se sentir comme un Esprit immortel. C'est seulement par l'expérience, dans le corps, des épreuves qui viennent à sa rencontre et parfois de l'expiation qui lui est offerte, que l'Esprit peut réellement faire la preuve de ce à quoi il s'est engagé avant de réincarner.

« Entre l'intention et la réalisation, il peut exister un abîme très grand. Se dire préparé ne signifie pas être réellement engagé à surmonter tous les défis, et c'est exactement cela qui se produit. Avant de réincarner, l'Esprit est préparé, mais il n'est pas prêt. Il sera prêt lorsqu'il reviendra victorieux de l'expérience, lorsque sa conscience lui dira qu'il aura réussi.

« C'est pour cela que plusieurs, malgré toute la préparation reçue, ne considèrent pas suffisamment ce qui viendra devant eux, car ils se croient totalement prêts. Mais c'est seulement dans l'épreuve, seulement dans l'expérience claire de l'existence physique, que nous verrons, ou non, l'application de tout ce qui a été appris. C'est le libre arbitre de l'Esprit qui aura toujours la possibilité de décider pour le mieux, lorsqu'il le voudra, et ce, même après s'être trompé. »

2.7 – Sexe, santé et spiritualité

Éducation affectivo-génésique

61 – Pour que nous puissions redonner un sens au sexualisme, une éducation sexuelle de la responsabilité de l'acte sexuel est nécessaire. Actuellement, ce qui est appelé éducation sexuelle vise à peine à prévenir les maladies transmises sexuellement et la conception. Quels devraient être les principes d'une véritable éducation sexuelle? Quel est le rôle du centre spirite dans cette question?

« En réalité, ce que nous proposons est une **éducation affectivo-génésique**. C'est l'éducation par laquelle l'Esprit amorce le processus d'autoamour, comprenant la grandeur et la beauté de son corps, le fonctionnement amoureux de son corps et sa fonction affective par l'intermédiaire de l'activité sexuelle.

« C'est une éducation qui gère la connaissance de soi et la connaissance de la relation avec l'autre, qui est centrée, avant tout, sur les perspectives émotives de la relation sexuelle et qui commence par un état intérieur d'autoamour.

« Il est fondamental que l'**éducation affectivo-génésique** considère l'Esprit dans ses différentes dimensions, incluant les expériences du corps féminin et celles du corps masculin, avec le but d'unifier intérieurement, en tant qu'Esprit immortel, les deux forces dans son âme.

« Cette **éducation affectivo-génésique** suscite un respect immense dans la relation avec un autre Esprit, qui est également un enfant de Dieu incarné dans un corps pour faire une expérience semblable à la sienne et avec qui il vit, par exemple, la relation conjugale avant tout comme l'union de deux Esprits, qui sont en conséquence dans la condition de mari et femme.

« Ceci fait en sorte que l'éducation ne cible pas les problèmes de santé sexuelle, mais plutôt les relations affectives saines. C'est là un point d'équilibre pour aider l'Esprit à comprendre comment développer des relations affectives saines en vue d'une vie sexuelle saine.

« Le centre spirite peut aider beaucoup à réaliser cette proposition, car il est le noyau de l'étude sur l'essor de l'Esprit immortel; il est capable d'offrir aux jeunes et aux adultes une compréhension de la fonction génésique et de l'affectivité dans les relations, des conséquences heureuses pour ceux qui recherchent la pleine réalisation de cette affectivité, et des conséquences malheureuses pour ceux qui cherchent seulement le sexe. Dans un programme d'éducation **affectivo-génésique**, le centre spirite permet de constituer des groupes de convivialité pour aborder ces questions de manière spirituelle dans une perspective d'immortalité, incluant la perspective du processus de la réincarnation, qui ne dévalorise jamais le moment actuel dans les relations entre hommes et femmes. »

62 – Comment cette éducation affectivo-génésique peut-elle être faite au foyer avec les enfants et les jeunes?

« Au moyen du dialogue, en toute simplicité, ouvertement et spontanément, dans des rencontres familiales, où les parents traitent de différents sujets nécessaires au réajustement familial, en abordant aussi les questions affectivo-sexuelles, principalement lorsque les enfants ont plus de 14 ans.

« Les parents, profitant du dialogue et de l'exemple de leurs enfants, pourront constater que le foyer est le soutien, le lieu d'aide et d'éclaircissement et non le contraire, comme cela se produit très souvent, car plusieurs jeunes s'éloignent du foyer pour s'engager dans ces sujets avec des personnes encore plus mal préparées qu'elles.

« Les parents ne doivent pas oublier leurs responsabilités d'étudier et d'appliquer les connaissances relatives aux fonctions affectivo-génésiques dans leurs vies. C'est important qu'ils exposent à leurs enfants que la vie est beaucoup plus vaste que les manifestations extérieures de la matière et que l'effet d'attraction de la matière nous hallucine souvent dans nos choix.

« Par ce dialogue, les garçons et les filles, qui n'ont pas encore commencé leurs activités sexuelles, pourront trouver une base solide pour l'affectivité dans leurs relations, plutôt qu'une relation accidentelle, ayant seulement pour fondement les attractions physiques, qui sont très fortes à l'adolescence.

« Ainsi, soutenu par une connaissance spirituelle de la véritable fonction de la sexualité, dans cette convivialité entre parents et enfants, le dialogue se déroule de façon ouverte dans des conversations respectueuses, en établissant de plus en plus une relation de confiance mutuelle,

« De cette façon, les enfants se prépareront à établir des foyers sécuritaires dans le futur, avec des relations conjugales solides, empreintes de la fermeté et de la sincérité des engagements et animées par la proposition éducative de la Vie; ils généreront ensuite des enfants sûrs d'eux-mêmes, bien soutenus par la Loi d'Amour et pour qui les connaissances spirites, l'Évangile de Jésus et l'expérience complète de ces Vérités se transforment en thérapie familiale constante. »

Sexe et médiumnité

63 – Nous savons que l'énergie sexuelle est très importante pour que l'Esprit puisse réaliser sa transcendance, particulièrement dans le domaine de la médiumnité. Quels sont les dommages pour l'incarné qui pratique le sexualisme et la sensualité des vices sexuels, par rapport à la médiumnité? Est-il possible de concilier les deux choses?

« D'aucune façon, car la médiumnité est un patrimoine pour un usage sacré de communication avec les Esprits. Le sexualisme est la recherche du plaisir indu et attire la présence d'Esprits malicieux, vicieux ou perfides. C'est une illusion pour celui qui veut exercer la médiumnité avec Jésus que de croire pouvoir réunir les aspects sacrés et profanes.

« Celui qui croit que la possession d'une faculté médiumnique ostensible va l'épargner d'être sujet aux déséquilibres provoqués par ses choix malheureux en matière sexuelle se trompe grandement.

« Le médium est invité à utiliser la possibilité que lui offrent ses facultés pour aller à la rencontre intérieure de la sublimité de ses fonctions sexuelles. Au moyen de l'exercice de la médiumnité, le médium peut exercer ses forces génésiques pleinement dans le sens de la charité spirituelle, en atténuant les conflits, les souffrances et les préoccupations et en cherchant l'appui des Esprits nobles et les éclaircissements nécessaires.

« Le médium peut se déséquilibrer comme toute autre personne, mais avec un facteur aggravant. Une fois ouverte sa faculté médiumnique avec le monde spirituel, il devient beaucoup plus sensible aux influences et aux suggestions qui le visent. Ce serait un double échec s'il décide d'utiliser sa médiumnité et de continuer ses vices sexuels. Il fera semblant de servir le Christ, mais en réalité il se leurre lui-même et devient l'instrument de la perfidie et de la mystification.

« Les médiums qui travaillent pour la moisson du bien et de l'amour doivent prendre beaucoup de précautions par rapport aux tentations du monde. Sinon, ce ne sera pas une expérience simple de faire face à sa propre conscience, après avoir constaté que tout le travail accompli s'est effondré en raison des choix fragiles et du manque de discipline de celui qui n'écoute pas les conseils des guides de la vie spirituelle.

« Que le médium cherche avant tout l'appui et l'aide s'il vit des conflits intérieurs, soit auprès des Esprits nobles ou des âmes avec qui il vit et qui peuvent le conseiller pour le bien. Maintenir Mammon et Dieu dans la même dimension de la vie est inconcevable. »

64 – Comment une personne engagée dans une relation monogame normale peut-elle concilier, d'une part, la pratique sexuelle et, d'autre part, la médiumnité et d'autres actions de transcendance des préoccupations matérielles?

« En utilisant sa vie médiumnique en faveur de son élévation morale et en employant l'expérience sexuelle en faveur de son élévation affective. »

Abstinence sexuelle

65 – Dans quelles conditions l'abstinence sexuelle peut-elle contribuer au processus de spiritualisation et de santé spirituelle?

« L'abstinence sexuelle, lorsqu'utilisée pour l'autoélévation et la sublimation des forces sexuelles dans le corps, est un processus d'autoamour très profond. Dans ce processus de sublimation, l'Esprit décide d'ouvrir son émotivité aux sensations élevées du sentiment, expérimentant ainsi des formes de plaisir plus exaltées et sublimes que celles associées uniquement au corps.

« C'est une décision heureuse pour ceux qui considèrent leur vie comme une inspiration au travail et à la gratitude envers l'existence, travaillant de façon infatigable pour la collectivité, dans le but de contribuer au progrès de l'humanité.

« Toutefois, cette abstinence n'a rien de productif si elle sert seulement à renforcer l'égoïsme de l'être qui ne pratique l'abstinence qu'en vue de s'exalter dans les vertus aux yeux des autres ou parce qu'il se croit plus vertueux à cause de cela.

« Ce n'est pas l'abstinence en soi qui rend l'être vertueux, mais la fonction que cette abstinence exerce dans sa réflexion morale. Le motif pour lequel il pratique l'abstinence est ce qui lui donne un véritable caractère élevé.

« Ceux, sur la Terre, qui ont la tâche de pratiquer l'abstinence sexuelle comme un exercice de développement des pouvoirs psychiques et des sentiments plus élevés vivent pleinement les expériences des plaisirs de l'âme, de la bonne lecture, de la bonne culture, de la méditation, des arts, de la philosophie et aussi de la solidarité, du contact amical avec ceux qui souffrent, par exemple lors de visites à ceux qui sont dans le besoin et qui endurent la maladie ou la solitude.

« L'exercice de la solidarité est intensément utile uniquement pour ceux qui vivent une vie solitaire, mais solidaire. L'Esprit qui se sent pleinement épanoui dans ses forces génésiques fait l'expérience du bonheur sublime dans l'accomplissement de sa tâche, réalisant ainsi complètement la parole de Jésus dans sa conduite : *Bienheureux les pacifiques, car ils seront appelés fils de Dieu*. C'est là la fonction de ceux qui accomplissent sur la Terre une tâche pour la collectivité. »

Sexe, santé et spiritualisation

66 – Quelles actions l'Esprit immortel réincarné peut-il poser pour utiliser le sexe comme source de santé et de spiritualisation?

« Les anciennes traditions orientales ont étudié à quel point les fonctions sexuelles offrent à l'Esprit la compréhension de sa sublimation intérieure. Dans l'Inde antique, le Yoga tantrique a été étudié comme une façon d'aider l'être humain à trouver, au moyen des mécanismes intérieurs des forces génésiques, un chemin pour l'auto-illumination; étant donné que la force génésique de l'Esprit est la force créatrice, si l'homme et la femme utilisent cette force pour une grande manifestation d'affectivité l'un envers l'autre, par l'intermédiaire des manifestations affectives de tous les jours, c'est-à-dire un regard affectueux, une accolade chaleureuse, la vie amoureuse partagée, les expressions d'appui et d'affection, ils manifestent ainsi des expressions sexuelles de l'âme. Mais ce sont des expressions sublimées.

« L'être humain cherche souvent à intégrer les idées spirituelles dans les questions sexuelles, et se crée de grands tourments à ce sujet. Ce n'est pas comme cela qu'il sublimera, mais plutôt quand il comprendra que ses questions sexuelles ne sont que des expressions rudimentaires de la grande vie spirituelle. Avant tout, l'Esprit existe avant la matière et ce n'est pas en tentant de combiner des pratiques extérieures que l'être humain réussira à vivre l'excellence de l'amour.

« À cause de cela, nous n'affirmons pas que les pratiques extérieures orientales ou les pratiques thérapeutiques créées par la médecine occidentale constituent la première solution. La solution première est l'intériorisation de l'autoamour dans sa propre constitution sexuelle, l'amour de sa propre polarité en la respectant et en aimant ses expressions chez l'autre, mais l'Esprit possède les deux polarités, une manifeste et l'autre potentielle.

« En faisant ce voyage intérieur, l'Esprit pourra trouver dans quels états intérieurs il peut développer son affection pour lui-même et dans lesquels il se déprécie. Cela l'aidera à trouver ses énergies génésiques, tant de la polarité féminine que de la polarité masculine, à l'intérieur de lui-même. Ces énergies génésiques offriront à l'Esprit la capacité de se connaître et, ainsi, il pourra offrir à lui-même et à l'autre, au moyen des relations intimes, qu'elles soient sexuelles ou affectives, une thérapie intense de santé, la santé intégrale. »

3

Exposé sur la sexualité et la santé spirituelle

D ans ce chapitre, nous présenterons quelques exposés sur la sexualité et la santé spirituelle dictés par différents guides du *Projet Espiritizar*.

Dysharmonie énergétique

La société actuelle, avec sa vision matérialiste, n'a pas compris encore l'importance des énergies contenues dans les pensées, les paroles, les sentiments et les actions.

L'acte de penser est une énergie vive qui émane de notre cerveau physique et périspirituel. Lorsque nous émettons une pensée, un certain poids énergétique correspond à son contenu, et elle agira en nous et autour de nous comme une source d'harmonie ou de dysharmonie, selon le cas.

C'est donc le pouvoir de chacun de nous de produire de la lumière ou de l'ombre dans nos vies avec les choix que nous ferons, car c'est dans la pensée que tout trouve son origine. Chaque pensée possède un poids énergétique et une portée propres, et autant les pensées peu charitables envers nous-mêmes et envers notre prochain que celles ayant une teneur sensuelle, qui sont liées au domaine sexuel, libèrent un type d'énergie délétère qui circule dans nos champs de force et nos centres énergétiques en les désorganisant, ce qui se reflète en même temps dans notre corps périspirituel et, en conséquence, dans notre corps physique.

Quand ces pensées et ces actions se dirigent vers la partie de nos habitudes nocives, de nos vices, de nos habitudes viciées dans le domaine sexuel, comme dans le cas de l'adultère, alors les énergies que nous émettons, dès le moment où nous concevons ces pensées ou la planification de ces actes, sont très délétères. Elles parcourent les canaux des champs énergétiques, les nadis, et tous les centres de force, en agissant sur chacun d'eux et plus particulièrement sur le chakra cardiaque, car, lorsque nous agissons avec nous et avec l'autre en adultère, nous pratiquons un acte de profond désamour qui active en nous la conscience de la culpabilité résultant de notre action en dysharmonie avec les Lois Divines, qui nous régissent.

Nous émettons un signal énergétique spécifique qui fonctionnera comme un catalyseur attirant les énergies semblables et créant en nous un vortex de dysharmonie. La conscience de la culpabilité agira dans l'individu comme un mouvement de boycottage envers soi-même, l'amenant de façon subconsciente à rechercher l'échec, proportionnellement à son intensité. Ce sentiment conduit l'être à se déconnecter profondément de Dieu, en désharmonisant son corps périspirituel par le blocage des 6e et 7e chakras et en causant des dommages réflexes dans son cerveau physique et périspirituel, compromettant ainsi ses futures incarnations.

Cette désorganisation énergétique aura des reflets profonds dans tout notre corps périspirituel et, si nous maintenons nos attitudes nocives longtemps, nous sentirons progressivement ces dommages réflexes se propager également dans notre corps physique, par l'effet des émotions déséquilibrées qui génèrent différentes maladies psychosomatiques en progression de nos jours dans la société terrestre.

Il est nécessaire que l'être humain d'aujourd'hui perçoive que l'énergie sexuelle est une énergie fortement créatrice, qui nous stimule d'une manière profondément belle lorsqu'elle est dirigée vers les sentiments élevés dans la conquête des vertus requises pour sublimer le domaine de la sexualité, domaine dans lequel des dynamiques primitives persistent après avoir été cultivées dans des incarnations successives.

Lorsque nous agissons de façon non harmonieuse par rapport aux Lois qui régissent la vie, cela affecte profondément l'être humain qui récoltera les fruits de ses actions erronées, principalement dans le domaine sexuel.

Les médias, ainsi que les comportements dans la société terrestre contemporaine, l'attention des hommes et des femmes concentrée dans une perspective matérialiste-hédoniste liée au corps physique, les influences émanant de nos frères désincarnés moins éclairés, qui syntonisent avec les personnes qui vibrent et qui se complaisent à cultiver des habitudes nocives et les vices sexuels, tout cela forme une symbiose qui agit de façon très profonde et nocive dans le champ énergétique de chaque être, en altérant son fonctionnement, en modifiant sa forme et, par la suite, en favorisant la maladie chez celui qui a choisi ce chemin de randonnée.

L'invitation que nous fait la Vie, c'est-à-dire le Père, est d'être vigilants à l'égard de nos pensées, de nos sentiments et de nos émotions, en dirigeant ces énergies fortement créatrices pour notre transformation, dans un premier temps. De plus, elle nous invite à utiliser ces énergies, grandement amoureuses et curatives, avec l'autre dans les choses toutes simples du quotidien, comme le réconfort d'une parole amicale bien dirigée, le soutien et l'appui d'un regard, l'offre d'une main à celui qui a besoin d'être guidé, l'affection partagée en famille, la création dans l'un ou l'autre des arts existants dans le monde et, évidemment, la médiumnité qui secoure.

Nous comprenons que lorsque l'être humain réussit à percevoir l'importance des particules énergétiques qu'il émet dans chaque pensée, dans chaque parole et dans chaque action, en plus de toutes celles associées aux sentiments, il travaillera de façon persévérante à choisir ses actions pour mieux collaborer avec lui-même, avec sa famille et avec la société, dans la création d'un monde plus harmonieux, un monde où les énergies sexuelles si peu comprises de nos jours se transformeront et seront utilisées comme un combustible pour le travail du bien.

Cette invitation est millénaire, elle vient de l'époque du Christ et, bien avant lui, des pays d'Orient. Maintenant, il appartient à l'homme et à la femme, à l'aube de cette nouvelle Ère, de mettre en pratique ce travail profondément amoureux avec soi-même et avec la société.

Sœur Isabel

Sexualité et culpabilité

Scrute le fond de ton cœur et trouve l'endroit où se trouve la blessure narcissique qui tourmente ton âme avec des douleurs déchirantes au moyen des émotions, et tu découvriras que la culpabilité triture tes sentiments et emprisonne ton sens existentiel.

C'est encore la culpabilité qui t'empêche de te concentrer sur les bonnes actions en réponse aux occasions que la Vie te présente pour évoluer, quitte à préférer l'isolement qui atténue les émotions et t'éloigne des Lois souveraines de l'Amour.

Dans le domaine sexuel, quand tes comportements te dépriment et te laissent en dehors de ta propre humanité, en devenant semblable à tes instincts primitifs, dans lesquels les sensations sont un délice et cherchent à occulter la véritable idée de la spiritualité de l'âme, alors tu pourras constater que la plus grande plaie est la culpabilité que tu ressens à propos des erreurs que tu as pratiquées.

Étant donné que l'énergie sexuelle est une force qui produit un plaisir intense, la culpabilité se glisse dans l'expression de ces plaisirs, et elle fragmente, au moyen des jugements et des condamnations, le sens de ce plaisir, en te faisant sentir diminué, rapetissé et indigne quand tu penses et te souviens du sexe.

La cause de tout cela se trouve dans les comportements excentriques, indisciplinés et incompatibles que tu as pratiqués dans tes choix antérieurs. En croyant que ces comportements banniraient complètement et éternellement l'amour de Dieu de ta vie, tu te sentais exclu de la miséricorde du Seigneur et tu préférais t'enfoncer dans l'ombre de ta propre culpabilité pour te punir psychologiquement et spirituellement, dans des révoltes inracontables qui sont demeurées enregistrées dans ton caractère par rapport aux expériences sexuelles.

Dieu ne t'a jamais culpabilisé. Sa miséricorde d'amour t'a toujours cherché dans les abîmes cruels où tu étais plongé. De mille façons, Son omniscience a cherché à t'alerter et Son omnipotence a cherché à te prévenir. Mais parce que tu n'as pas porté une attention et un soin suffisants, tu as amplifié au maximum les drames à ton sujet et maintenant que ton âme perçoit la gravité des choix que tu as faits dans le domaine des déviations sexuelles, tu tentes encore de fuir de toi-même, en oubliant que personne ne peut s'évader de sa propre conscience.

Accueille-toi, relève ta tête et avance, en décidant de te redresser par rapport à tes engagements de vie sexuelle heureuse et saine, dans la spiritualité et l'amour.

Lève-toi, ton âme est prisonnière de ta propre culpabilité, mais tu recevras l'appui dont tu as besoin de la part de la Spiritualité supérieure et des âmes qui t'aiment.

Ne te sens jamais handicapé pour recommencer, la vie est un mouvement constant de bénédictions et d'occasions qui ne cesse jamais d'offrir des chances nouvelles et opportunes de bonheur.

Il y a ceux qui s'inquiètent de la tombée de la nuit, révélant une tristesse et la noirceur intérieures de leur cœur. Mais s'ils observaient, avec calme et attention, ils verraient que le Soleil commence à apparaître peu de temps après en annonçant l'aube des bénédictions, et en te renouvelant pour que tu sois en paix avec toi-même.

Vibre maintenant, dans les couches supérieures de la prière, en demandant à Dieu renouveau et clémence et en enregistrant, avec sincérité et enthousiasme, ta proposition de changement.

Fais-toi utile en aidant avec fermeté et courage tes sentiments lacérés par tes comportements malheureux d'hier, sans jamais te permettre de nouvelles chutes que tu sais déjà très bien éviter.

Dans tout cela, souviens-toi toujours : Dieu veille sur toi, avec un grand sourire, une âme bienveillante et une conscience sensibilisée et profondément attachée au devoir.

Ainsi, tout le marécage des déviations sexuelles d'hier et des erreurs inracontables de ta mémoire pourront trouver un nouveau sens et servir maintenant de leçons, en devenant chemin, marches, ascension, ailes, vol, étoiles, l'infini en direction de Ta paix sublime.

Francisca Faveroni

Sexualité et autoguérison

La force sexuelle reliée à l'énergie génésique de l'Esprit a le pouvoir créateur qui aide dans la conquête de sa plénitude. Lorsque l'énergie génésique est utilisée avec amour pour des fins supérieures, comme les arts, la philosophie, la pensée scientifique ou l'étude utile, un processus d'autoréalisation habite l'Esprit et remplit sa vie de sens et de valeur.

Lorsque l'énergie génésique est utilisée entre les conjoints qui s'aiment pour l'échange sain des impressions affectives, dans la procréation des enfants, dans l'expression de tendresse ou dans l'affectivité réciproque, l'énergie génésique est utile et bien employée en générant le bien-être et la plénitude.

Lorsque l'énergie génésique est utilisée pour la pratique de la méditation, dans laquelle l'Esprit se permet d'utiliser des forces créatives pour conquérir ses potentiels essentiels, au moyen de la transcendance des pensées dans la méditation, un torrent d'énergies saines l'atteint, pas seulement au niveau des sens physiques, mais aussi dans ses sentiments et son psychisme ainsi que tous ses appareils et ses engrenages de fonctionnement du corps, du mental et de l'âme.

L'énergie génésique est alors utilisée pour la connaissance de soi qui active en même temps un mécanisme d'autoguérison très profond, car c'est précisément l'énergie créative, provenant du flux profond de la Vie, qui fournit l'énergie aux cellules, l'énergie qui donne la vie au corps par l'intermédiaire de l'univers cellulaire microscopique.

Cette énergie vive affecte les couches du périsprit, qui stimule intensément les protéines des cellules et favorise la santé équilibrée du corps. Cet échange d'amour, dans lequel l'Esprit

choisit d'utiliser et de transformer l'énergie sexuelle et la force génésique en énergie d'autoguérison, est possible grâce à l'attraction
du mental et de la pensée au service de la santé : l'Esprit actionne
ainsi la vitalité qui le connecte à l'énergie maintenant toutes les
choses dans l'Univers, c'est-à-dire qu'en plus de ne pas consom-
mer ni épuiser son périsprit et, conséquemment, les forces du
corps, il commence à prodiguer un soin amoureux à tous ses
chakras, ce qui lui donne encore plus de vitalité et de bien-être.

La pratique de cette méditation, utilisant l'énergie génésique, découle de la visualisation thérapeutique, dans laquelle la
personne visualise, avec amour, le deuxième chakra rempli de
lumière et irradiant ensuite cette lumière dans tout l'organisme.
Cela rend possible le plaisir génésique, qui se reconnaît dans le
corps par la sensation du sexe et qui suscite dans l'âme le sentiment d'extase, et permet la connexion avec les sources supérieures de la vie.

En visualisant cette énergie qui remplit tout l'organisme,
il vitalise sans difficulté les cellules du corps et cela lui offre la
capacité d'amélioration intense de toutes les ressources à sa disposition pour sa santé intégrale.

C'est une pratique qui aide aussi ceux qui ont la tâche de
vivre sur la Terre les défis d'une vie solitaire, mais solidaire de la
collectivité, pour qu'ils puissent réaliser un travail intérieur équilibré au niveau de l'Esprit immortel qu'ils sont.

C'est ainsi que les hommes et les femmes, ayant une tâche
collective à laquelle ils se vouent véritablement, vivent avec leur
énergie sexuelle de manière douce et pacifique. Ils ne rejettent
pas les pulsions de la matière, ni ne les condamnent ou les
nient, mais par la pratique de la méditation, l'énergie génésique
devient une constante dans leurs vies et favorise un état concret
d'autoguérison psychique, émotionnelle et corporelle.

En pratiquant la méditation avec constance, l'Esprit acquiert l'équilibre, car, en devenant plus intense, cette pratique génère une lumière qui enveloppe tous les centres de force énergétiques de son périsprit et il pourra expérimenter l'équilibre entre l'énergie sexuelle et le comportement quotidien.

Telle est la difficulté de tout être humain lorsqu'il intensifie l'énergie sexuelle de façon déséquilibrée, sans avoir aucune pratique susceptible de le libérer de ce déséquilibre.

La méditation est une pratique éclairante que nous pouvons toujours recommander afin qu'elle puisse s'exercer avec sa dimension énergétique, qui stimule le périsprit à illuminer les centres de force pour accéder à l'amour. Ainsi, au moyen de l'amour, nous pourrons surmonter les barrières qui nous empêchent de rejoindre le chakra de la transcendance et nous pourrons unir les deux forces de l'Esprit, manifestées par le périsprit, avec les forces du comportement, de façon à équilibrer de manière saine nos pratiques sexuelles.

Honório

4

Sexualité, sexualisme et Lois Divines

Dans ce chapitre, nous ferons quelques réflexions associant le thème de la sexualité aux Lois Divines, existant dans notre conscience, de telle sorte que la personne qui étudie ce livre puisse réfléchir sur le fait que le sexualisme, que ce soit l'homosexualisme ou l'hétérosexualisme, est un mouvement contraire aux Lois Divines, et particulièrement contraire à la Loi d'Amour, de Justice et de Charité. Le sexualisme devient un acte de désamour, d'injustice et de manque de charité avec soi-même et avec le prochain.

Comme nous l'avons vu dans les chapitres antérieurs, il est essentiel que notre vision du sexe et de la sexualité soit dans la perspective d'un Esprit immortel, transitoirement incarné, et connecté avec les Lois Divines dans notre conscience, afin de pouvoir vivre comme un Esprit immortel plutôt que de seulement le penser.

Cette prise de conscience est incontournable pour éviter de tomber dans le sexualisme, même lorsque nous savons que nous sommes des Esprits et que nous allons rendre des comptes devant notre propre conscience de ce que nous avons fait, car il n'est pas possible de fuir les Lois qui y sont gravées.

Dans les témoignages présentés au chapitre 6 de ce livre, nous verrons que la prévoyance humaine, en syntonie avec la Prévidence et la Providence Divines, n'a pas été assumée par les Esprits ayant échoué dans le domaine sexuel. Ils y racontent leurs souffrances intenses, car ils n'ont pas cherché la connexion avec l'Essentiel en eux-mêmes. Ils se sont laissés emporter par la jouissance momentanée de l'ego, suivie de décennies de souffrance dans le monde spirituel et d'expiations très douloureuses qu'ils se sont ainsi créés pour le futur.

La rédaction finale du texte est de notre initiative, mais les idées contenues dans ce chapitre ont été fournies par divers guides du *Projet Espiritizar*.

La mission de l'Esprit immortel

Pour comprendre en profondeur la mission de l'Esprit immortel, il est essentiel de réfléchir sur la question 115 du *Livre des Esprits* :

« *115. Parmi les Esprits, les uns ont-ils été créés bons et les autres mauvais?*

« « Dieu a créé tous les Esprits simples et ignorants, c'est-à-dire sans science. Il leur a donné à chacun une mission dans le but de les éclairer et de les faire arriver progressivement à la perfection par la connaissance de la vérité et pour les rapprocher de Lui. Le bonheur éternel et sans mélange est pour eux dans cette perfection. Les Esprits acquièrent ces connaissances en passant par les épreuves que Dieu leur impose. Les uns acceptent ces épreuves avec soumission et arrivent plus promptement au but de leur destinée; d'autres ne les subissent qu'avec murmure et restent ainsi, par leur faute, éloignés de la perfection et de la félicité promise. » »

Mission de l'Esprit immortel : Réaliser le propos de son existence qui consiste à s'approcher de Dieu par la connaissance de la Vérité et, par cela, accéder à un pur et éternel bonheur.

Quel est le sens profond, conscientiel, du terme « soumission »?

Soumission : Lorsque l'Esprit immortel, en syntonie avec son propos existentiel, s'efforce de connaître la Vérité et de développer en lui les vertus, il se soumet aux Lois de Dieu, c'est-à-dire qu'il se soumet au devoir conscientiel de réaliser la mission inscrite en lui d'atteindre, dans la mesure du possible, une perfection relative le rapprochant progressivement du Créateur et de Sa Perfection Absolue, jusqu'à pouvoir dire à l'instar de Jésus : Je suis dans le Père et le Père est en moi; il acquiert alors le droit de jouir du pur et éternel bonheur de l'omniprésence amoureuse de Dieu en lui-même.

Quel est le sens profond, conscientiel, du terme « murmure »?

Murmurer : C'est le processus circonstanciel de révolte insoumise au propos existentiel. Ce processus peut durer plus ou moins longtemps et il peut avoir différents degrés, depuis le vide existentiel, en passant par l'abandon existentiel, jusqu'à l'isolement existentiel, au point de tenter de persécuter Dieu en soi et, principalement, chez les autres, dans une vaine tentative de négation des commandements que Jésus a enseignés. Par ce processus, l'Esprit actionne la Loi de Cause et Effet : son insoumission crée de longues périodes de douleur et de souffrance pour lui-même, jusqu'à ce qu'il abaisse son orgueil, adoucisse sa révolte et se soumette à sa mission, lorsqu'il sera devenu fatigué de souffrir et qu'il voudra se libérer du fardeau de la souffrance, pour conquérir le pur et éternel bonheur.

Cette négation de Dieu et des Lois Divines peut être évidente ou dissimulée. Elle est évidente lorsque la révolte et la rébellion de l'Esprit se manifestent de façon claire et évidente. Elle est dissimulée lorsque l'Esprit se rebelle d'une façon qui peut apparaître comme une soumission, mais avec une insistance sur le *paraître* plutôt que sur l'être; le processus est alors faux en lui-même.

Quelle est cette vérité que nous avons la mission de connaître pour nous approcher de Dieu? Cette vérité est constituée des Lois Divines, que nous devons aimer et pratiquer afin de développer les vertus.

Reprenons la réflexion sur le *Livre des Esprits* :

« 614. *Que doit-on entendre par la loi naturelle?*

« « La loi naturelle est la loi de Dieu; c'est la seule vraie pour le bonheur de l'homme; elle lui indique ce qu'il doit faire ou ne pas faire, et il n'est malheureux que parce qu'il s'en écarte. » »

« 616. *Dieu a-t-il pu prescrire aux hommes dans un temps ce qu'il leur aurait défendu dans un autre?*

« « Dieu ne peut se tromper; ce sont les hommes qui sont obligés de changer leurs lois, parce qu'elles sont imparfaites; mais les lois de Dieu sont parfaites. L'harmonie qui règle l'univers matériel et l'univers moral est fondée sur les lois que Dieu a établies de toute éternité. » »

« 619. *Dieu a-t-il donné à tous les hommes les moyens de connaître sa loi?*

« « Tous peuvent la connaître, mais tous ne la comprennent pas;

ceux qui la comprennent le mieux sont les hommes de bien et ceux qui veulent la chercher; cependant, tous la comprendront un jour, car il faut que le progrès s'accomplisse. »

« 620. *L'âme, avant son union avec le corps, comprend-elle la loi de Dieu mieux qu'après son incarnation?*

« « Elle la comprend selon le degré de perfection auquel elle est arrivée, et en conserve le souvenir intuitif après son union avec le corps; mais les mauvais instincts de l'homme la lui font souvent oublier. »

« 621. *Où est écrite la loi de Dieu?*

« « Dans la conscience. »
« - Puisque l'homme porte dans sa conscience la loi de Dieu, quelle nécessité y avait-il de la lui révéler?
« « Il l'avait oubliée et méconnue : Dieu a voulu qu'elle lui fût rappelée. » »

Connaître la Vérité, c'est prendre contact de façon consciente avec les Lois Divines qui sont écrites dans notre propre conscience. Ceux qui se soumettent à la mission qui est la leur sont ceux qui cherchent de façon consciente à les comprendre afin de les aimer et de les réaliser; ceux qui murmurent sont ceux qui, après avoir cultivé les mauvais instincts, cherchent à les oublier et à les déprécier.

Le grand objectif de Jésus, lorsqu'il incarna parmi nous, était de les révéler; les Esprits supérieurs avaient la même mission en nous donnant la Doctrine spirite.

Il revient à nous, c'est-à-dire aux incarnés, d'étudier de façon réflexive l'Évangile de Jésus, les œuvres de base de Kardec et les œuvres suivantes qui sont conformes à la Doctrine spirite pour examiner la façon dont les Lois Divines fonctionnent, afin de ressentir de l'amour envers ces Lois qui ont été créées pour que nous soyons heureux en les réalisant.

Nous étudierons par la suite les préceptes évangéliques enregistrés par Matthieu (22:37-39) : « *Jésus lui répondit: Tu aimeras le Seigneur, ton Dieu, de tout ton coeur, de toute ton âme, et de toute ta pensée. C'est le premier et le plus grand commandement. Et voici le second, qui lui est semblable: Tu aimeras ton prochain comme toi-même.* » et par Jean *(8:32) : « Vous connaîtrez la vérité, et la vérité vous rendra libres.* »

Si on met ces versets en parallèle avec la question 115 du *Livre des Esprits*, étudiée précédemment, nous comprenons que Jésus ne nous dit pas que la connaissance libère, mais que la Vérité libère. Il y a dans ces préceptes une triade : connaissance de la Vérité, sentiment de Vérité et expérience de la Vérité. Ainsi, nous surmontons trois niveaux d'ignorance : celle de ne pas savoir, celle de ne pas ressentir et celle de ne pas expérimenter, comme l'illustre la figure 1.

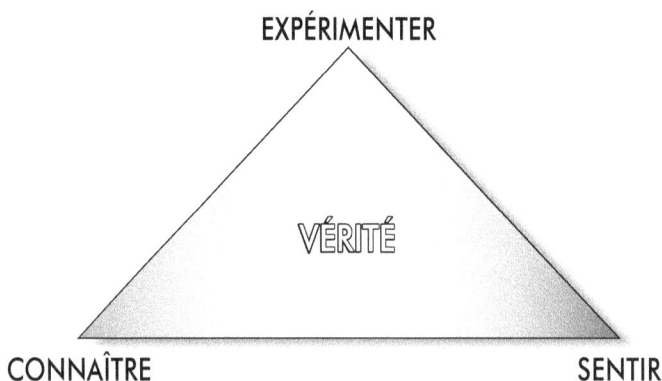

Figure 1. Les dimensions de la vérité.

Tout processus de connaissance se produit, premièrement, dans le domaine rationnel, parce que tout commence par la pensée, la raison. Quand Jésus dit : *Vous connaîtrez la vérité*, il nous donne la direction dans laquelle réfléchir sur la Vérité qui libère, c'est-à-dire les Lois Divines, qui constituent la Vérité présente au cœur de chacun de nous.

Cette dimension de la Vérité correspond à aimer Dieu *de toute sa pensée*, c'est-à-dire en comprenant la signification de Ses Lois dans nos vies.

Ensuite, nous serons invités à exercer cette Vérité pour la ressentir dans nos cœurs. À partir du moment où nous nous habituons à réfléchir, même si nous ne réussissons pas encore à ressentir cette Vérité immédiatement avec toute son intensité dans nos cœurs, elle conservera sa brillance dans notre conscience. Cette dimension de la Vérité correspond à aimer Dieu *de tout son cœur.*

Cependant, comme notre conscience est la Loi de Dieu palpitant en nous, il ne nous sera pas possible de demeurer longtemps sans faire les efforts nécessaires pour en faire l'expérience, car, de façon automatique, la lumière qu'irradie la Vérité stimule notre volonté de vivre la Volonté Divine. Cette dimension de la Vérité correspond à l'expérience des Lois Divines de toute son âme.

L'amour des Lois Divines est le chemin pour nous rapprocher de Dieu, particulièrement la Grande Loi, représentée dans la figure 2 avec ses trois aspects : Justice, Amour et Charité.

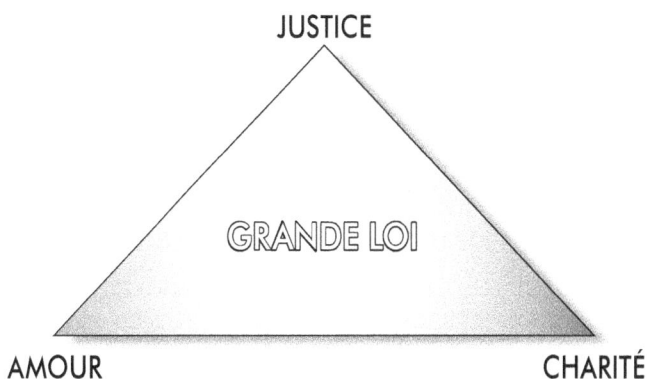

JUSTICE

GRANDE LOI

AMOUR   CHARITÉ

Figure 2. Les aspects de la Grande Loi.

Aimer les Lois Divines présentes dans notre conscience, pour mieux les pratiquer, est un grand acte d'autoamour qui générera le bonheur par la réalisation de la Loi de Justice. Ces Lois préconisent que nous ayons tous droit au bonheur, comme le mentionne la réponse à la question 115 du Livre des Esprits, étudiée précédemment : « Il leur a donné à chacun une mission dans le but de les éclairer et de les faire arriver progressivement à la perfection par la connaissance de la vérité et pour les rapprocher de lui. **Le bonheur éternel et sans mélange** est pour eux dans cette perfection. » (notre mise en relief)

Toutefois, le bonheur est plus qu'un droit, car personne ne peut jouir d'un droit sans pratiquer un devoir. La conquête du bonheur se produit par suite de la pratique des aspects Amour et Charité de la Loi, constituant la réalisation du grand devoir conscientiel, que nous sommes invités à chercher.

Lorsque nous parvenons à aimer les Lois Divines, en nous aimant nous-mêmes, nous pratiquons la Loi d'Amour. La Loi de Charité se pratique en aimant le prochain, en faisant aux autres ce que nous aimerions qu'ils nous fassent, et en apprenant à soumettre au crible de la Justice, de l'Amour et de la Charité tout ce que nous faisons pour nous et pour les autres.

On peut seulement pratiquer les Lois Divines en développant les vertus propres à chaque Loi. Par exemple, la Loi d'Amour se réalise en développant la vertu de l'amour; la Loi de Liberté, la vertu du discernement; et ainsi de suite.

Nous voyons à la figure 3 l'illustration des dimensions de l'évolution de l'Être : Dieu, Lois Divines et Je, l'Esprit immortel. Dans son processus d'évolution, l'Esprit immortel est convié à deux mouvements, la **soumission** et l'**action** : *se soumettre* amoureusement à Dieu et aux Lois Divines et *agir* en développant les vertus essentielles de la Vie.

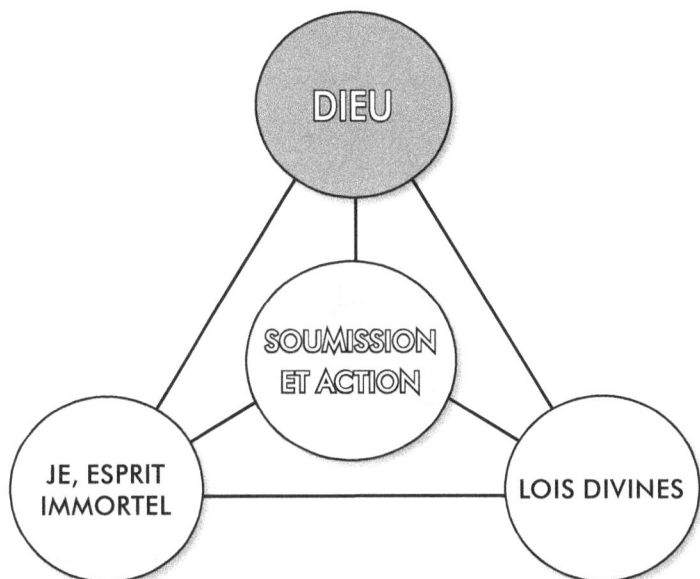

Figure 3. Les dimensions de l'évolution de l'Être.

Telle est la proposition faite à chacun de nous : se soumettre à Dieu et à ses Lois; faire Sa volonté; pratiquer la Grande Loi, la Loi d'Amour, de Justice et de Charité, et toutes les autres Lois qui y sont associées; agir comme Je, Esprit immortel, Être Essentiel immortel que nous sommes, en développant les vertus essentielles correspondant à ces Lois.

Tout comme les Lois Divines, les vertus existent à l'état latent dans notre conscience et leur développement se réalise dans la pratique de l'amour et de l'expérience des Lois de Dieu.

Nous pouvons comparer les vertus aux semences d'un grand verger. Nous les possédons à l'état de germe et nous devons les cultiver et les transformer en arbres aux branches chargées de fruits savoureux qui nous apporteront le pur et éternel bonheur. Le processus d'évolution est le fruit de deux forces : **ce qui est donné et ce qui est conquis.** Les Lois et les germes des vertus sont des dons de Dieu pour que nous évoluions, irrépressiblement, vers le bonheur pur et éternel. Ce bonheur est en même temps le résultat d'une conquête par notre travail de développement des vertus en nous, en syntonie avec la Loi du Travail et la Loi du Progrès.

Pour que nous puissions conquérir le bonheur, découlant de la connaissance de la Vérité et du rapprochement de Dieu, nous passerons par des épreuves dans différentes existences corporelles jusqu'à notre épuration complète.

Parmi ces épreuves par lesquelles nous sommes invités à passer dans notre trajectoire humaine, il y a le développement de la sexualité saine. Étant intimement liée à un plaisir intense, fruit de la sagesse divine, afin qu'il y ait reproduction et conservation des êtres humains, dont les corps sont nécessaires pour l'évolution de l'Esprit, la pratique sexuelle conduit aussi à des abus intenses, par exemple lorsque l'être humain, au lieu de pratiquer la sexualité, se tourne vers le sexualisme.

Le sexualisme, comme nous l'avons vu à la question numéro 2, au chapitre 2, est le culte du sexe, dans lequel l'être humain est guidé par l'abus du plaisir que le sexe procure, dans une claire insoumission aux Lois Divines, en faisant ainsi un mauvais usage de son libre arbitre.

Lorsque la pratique de la sexualité est conforme aux Lois Divines, en exerçant la vertu du discernement, elle conduit l'être humain à un bon usage de la Loi de Liberté.

La sexualité pourra être vécue sous la forme hétérosexuelle ou homosexuelle, comme le sexualisme pourra être hétérosexuel ou homosexuel.

L'**hétérosexualité** est le maintien de relations respectueuses avec le sexe opposé, dans un processus de soumission aux Lois Divines, tout en développant les vertus de l'autoamour, de l'autoaffection, de l'amour d'autrui, de l'affection envers autrui, de la solidarité, de la camaraderie, du discernement, etc. Elle inclut un équilibre entre l'*anima-affectivité* et l'*animus-affectivité*.

L'homme cultive son *anima-affectivité* en traitant les femmes avec amour et respect et non comme des objets de désir et de satisfaction sexuelle. La femme cultive l'*animus-affectivité* en traitant les hommes avec amour et respect et non comme des objets de désir et de satisfaction sexuelle. Les relations sont monogames et respectables. L'autorespect et le respect de l'autre sont valorisés. Cela conduit les personnes qui cultivent l'hétérosexualité sous cette forme à la plénitude sexuelle.

L'hétérosexualisme est le processus de culte du sexe, dans lequel on désire acquérir le plaisir à tout prix, en utilisant les personnes comme des objets de plaisir. Il suscite l'adultère et divers vices sexuels, analysés dans les chapitres précédents. Il n'y a pas d'exercice de l'*animus-affectivité* ni de l'*anima-affectivité*, mais le désir égoïste et égocentrique de se satisfaire au détriment de l'autre.

L'homme qui cultive l'hétérosexualisme voit les femmes comme de simples objets de plaisir sexuel et non comme des Esprits immortels en évolution, comme il l'est lui-même. Dans cette perspective, les femmes sont des choses à utiliser pour obtenir le plaisir sexuel, et, une fois utilisées, elles sont jetables. Il y a une objectivation de la relation, au lieu d'être un partenariat affectif d'entraide pour l'évolution.

Tenant compte de la Loi de Justice, d'Amour et de Charité, les actes de celui qui pratique l'hétérosexualisme sont marqués par l'absence d'amour, l'injustice et le manque de charité envers l'autre, car il n'aimerait certainement pas que les autres lui fassent la même chose. L'absence d'amour, l'injustice et le manque de charité existent envers lui-même, car conformément à la Loi de Justice et à la Loi de Cause et Effet, tout le mal que nous faisons aux autres, nous le faisons aussi à nous-mêmes.

La femme qui pratique l'hétérosexualisme est dans la même situation. En traitant les hommes comme des objets de satisfaction sexuelle, elle enfreint la Grande Loi.

Cette action irrespectueuse à l'égard des Lois Divines engendre un vide existentiel et des conflits sexuels découlant de ce vide, créant ainsi tous les problèmes sexuels analysés au chapitre 2 et, en conséquence, des sentiments acerbes, comme nous le verrons dans les témoignages présentés au dernier chapitre de ce livre.

L'homosexualité est un processus expiatoire découlant de l'abus antérieur de l'hétérosexualisme. Il s'agit d'une invitation à la personne à revenir à une sexualité respectueuse. En renaissant dans un corps différent de sa psychologie, l'Esprit est invité à développer son affectivité : l'autoaffectivité et l'affectivité envers l'autre.

La femme qui a pratiqué l'hétérosexualisme de façon habituelle dans plusieurs existences renaît dans un corps masculin pour cultiver l'*animus-affectivité*, c'est-à-dire apprendre à voir les hommes autrement que comme des objets de plaisir, mais plutôt comme des compagnons-frères du cheminement évolutif. L'Esprit dans cette condition est invité à développer l'abstinence, en canalisant ses énergies sexuelles dans l'amitié envers les autres hommes, sans désirer les utiliser pour obtenir du plaisir, et dans le service à la collectivité.

S'il ne réussit pas à pratiquer l'abstinence et à rester sans un partenaire, sa relation doit être basée sur l'affectivité, la monogamie et le respect de soi-même et du partenaire, de façon à réaliser la Loi de Justice, d'Amour et de Charité, en faisant aux autres ce qu'il aimerait que les autres lui fassent. Comme mentionné à la question 28, au chapitre 2, nous présentons à nouveau ici la façon de réaliser cela :

« **la pratique de l'homosexualité**, en termes psychologiques,

est utile seulement lorsque l'Esprit vit **un conflit difficile, une grave dépression ou un état intime de dégoût de la vie et ne réussit pas par ses efforts à pratiquer l'abstinence au bénéfice de la collectivité.** Dans ce cas, sa psychologie demande la compagnie d'un ou une partenaire de la même polarité. » *(notre mise en relief)*

La même chose se produit avec l'homme pratiquant l'hétérosexualisme de façon habituelle, et qui renaît dans un corps féminin pour cultiver *l'anima-affectivité*, afin d'apprendre à voir les femmes autrement que comme des objets de plaisir, soit plutôt comme des compagnes sœurs d'évolution. De la même façon, l'Esprit est invité à servir la collectivité et, s'il ne réussit pas à pratiquer l'abstinence, en s'engageant dans une relation homoaffective, monogame et respectable.

La plénitude sexuelle, dans l'homosexualité, survient par sublimation du sexualisme, par don d'affection à la collectivité ou, en moindre intensité, à un partenaire.

Dans l'**homosexualisme**, l'Esprit qui est invité à l'expiation, mais qui ne l'accepte pas, parce qu'il ne veut pas réaliser les efforts requis pour cultiver les vertus du sentiment d'apprenti, de l'autoamour, de la douceur et de l'humilité, continue à avoir des désirs de se satisfaire dans la promiscuité avec plusieurs partenaires, en utilisant les personnes comme des objets de plaisir.

Il continue alors à pratiquer le sexualisme qui a provoqué son expiation, mais étant en ce moment dans un corps différent de sa psychologie, sa pratique devient homosexuelle.

Il ne cultive pas l'affectivité et les autres vertus nécessaires à la réalisation des Lois Divines, particulièrement celle de Justice, d'Amour et de Charité. Comme il utilise son libre arbitre pour faire cela, l'Esprit aggrave sa situation expiatoire dans ses prochaines réincarnations, pouvant même générer des syndromes génétiques sexuels et d'autres limitations pour apprendre par les effets de la douleur à valoriser les Lois Divines, dont l'objectif n'est pas de fournir à l'Esprit des plaisirs éphémères, mais le plein bonheur.

Pour que l'Esprit puisse passer de façon équilibrée par l'épreuve de l'hétérosexualité ou par l'expiation de l'homosexualité, il doit suivre les Lois Divines dans sa conscience, en évitant le sexualisme si répandu dans une société hédoniste, superficielle et érotisée, tel que nous l'avons étudié au chapitre 1 de ce livre. Il est fondamental qu'il ait les dispositions pour développer les vertus de l'Esprit immortel, particulièrement le **renoncement conscientiel**, vertu qui invite l'Esprit à renoncer au plaisir propre à l'ego pour vivre un plaisir plus intense et durable, c'est-à-dire le plaisir de la conscience tranquille d'avoir pratiqué la Loi du Devoir.

Cette vertu est associée à plusieurs autres, comme nous le verrons plus loin.

Nous commencerons notre réflexion sur le renoncement conscientiel avec un texte de l'*Évangile selon le Spiritisme*, sur l'obéissance et la résignation, transmis par Lazare, à Paris, en 1863 (chapitre IX) :

> « 8. La doctrine de Jésus enseigne partout l'obéissance et la résignation, deux vertus compagnes de la douceur, très militantes quoique les hommes les confondent à tort avec la négation du sentiment et de la volonté. *L'obéissance est le consentement de la raison; la résignation est le consentement du cœur*; toutes deux sont des forces actives, car elles portent le fardeau des épreuves que la révolte insensée laisse retomber. Le lâche ne peut être résigné, pas plus que l'orgueilleux et l'égoïste ne peuvent être obéissants. Jésus a été l'incarnation de ces vertus méprisées par la matérielle antiquité. Il vint au moment où la société romaine périssait dans les défaillances de la corruption; il vint faire luire, au sein de l'humanité affaissée, les triomphes du sacrifice et du renoncement charnel.

« Chaque époque est ainsi marquée au coin de la vertu ou du vice qui doit la sauver ou la perdre. La vertu de votre génération est l'activité intellectuelle; son vice est l'indifférence morale. Je dis seulement activité, car le génie s'élève tout à coup et découvre à un seul les horizons que la multitude ne verra qu'après lui, tandis que l'activité est la réunion des efforts de tous pour atteindre un but moins éclatant, mais qui prouve l'élévation intellectuelle d'une époque. Soumettez-vous à l'impulsion que nous venons donner à vos esprits; obéissez à la grande loi du progrès qui est le mot de votre génération. Malheur à l'esprit paresseux, à celui qui bouche son entendement! Malheur! car nous qui sommes les guides de l'humanité en marche, nous le frapperons du fouet, et forcerons sa volonté rebelle dans le double effort du frein et de l'éperon; toute résistance orgueilleuse devra céder tôt ou tard; mais bienheureux ceux qui sont doux, car ils prêteront une oreille docile aux enseignements. (*Lazare*. Paris, 1863.)

Le grand objectif de l'Esprit immortel est de réaliser les Lois Divines, en développant les vertus essentielles. Pour développer le renoncement conscientiel aux plaisirs propres à l'ego, deux autres vertus sont nécessaires : **l'obéissance et la résignation.**

Lorsque nous sommes remplis de la signification existentielle de la réalisation des Lois Divines, nous faisons des efforts pour développer l'obéissance, *le consentement de la raison*, et la résignation, *le consentement du cœur*. Il s'agit d'un processus conscientiel, qui nous amène à exercer l'autoconscience et à faire ce qui est en syntonie avec la Loi du Devoir, en pratiquant le devoir conscientiel d'agir conformément à la Loi de Justice, d'Amour et de Charité plutôt que d'agir dans la perspective de l'ego, en recherchant les plaisirs éphémères propres à l'ego au détriment des plaisirs essentiels de l'Esprit en paix avec sa conscience.

Lazare dit que Jésus fut le meilleur exemple de ces deux vertus, et c'est pour cela qu'il nous invite au sacrifice et au renoncement. Lorsque nous connaissons la proposition de Jésus, en pensée et en expérience, et la liberté que cela nous procure, qu'arrive-t-il? Nous allons être attirés par sa proposition et commencer à apprendre la nécessité du détachement des questions futiles de la vie, des questions matérielles d'une société érotisée et centrée sur l'*indifférence morale*, en nous libérant par la Vérité génératrice de **renoncement conscientiel**, comme l'enseigne Lazare. Ses conseils ont été reçus en 1863, mais demeurent très actuels, particulièrement en ces temps où la futilité, la superficialité et le sexualisme atteignent des niveaux jamais vus dans l'histoire de l'humanité.

Le renoncement conscientiel est le fruit d'une décision responsable en faveur de sa propre élévation spirituelle. À l'époque de Jésus et au début du christianisme, cette vertu a été profondément comprise et pratiquée dans son sens le plus élevé, au point où les personnes offraient leur vie en holocauste par amour pour Jésus et se donnaient entièrement à leur apostolat d'amour, comme Pierre, Jean, Marie de Magdala et Paul de Tarse.

Après des siècles de détournement des leçons sublimes du Maître, le sens réel du mot renoncement a été transformé jusqu'à signifier, de nos jours, un processus de martyrisation nécessitant des pénitences, particulièrement celles agressant le corps.

Psychologiquement, renoncer signifie « être décisif », c'est-à-dire prendre une décision par rapport à une situation difficile. La question sexuelle est certainement une des plus difficile dans nos vies et elle exige de nous le renoncement pour décider de réaliser le plus grand Bien.

Renoncer est aussi un renforcement du mot « énoncer », qui signifie essentiellement « mettre une idée au clair » Le renoncement est ainsi une attitude proactive, profondément courageuse et dont la finalité est une édification permanente des valeurs essentielles du cœur, et il est également intimement lié à l'obéissance et à la résignation.

Jésus nous invite à amorcer notre cheminement de renoncement conscientiel, en délaissant l'attachement à notre personnalité égoïste et égocentrique, génératrice de personnalisme, pour Le rencontrer par le processus d'individuation.

Le personnalisme, terme qui vient du latin *persona*, est le résultat de ces expériences et des relations superficielles que nous vivons au long de nos réincarnations successives, en cultivant l'indifférence morale. L'individuation, quant à elle, est l'Être Spirituel dans sa sublimation authentique de ce qu'il est en fait : un Esprit immortel.

Lorsque nous exerçons un renoncement réel, nous transcendons les questions relatives au *paraître* et nous nous dirigeons vers le règne de l'*Être*, sans masques, sans influences extérieures, en étant connectés profondément avec l'Être Essentiel que nous sommes et avec Dieu, dans un processus d'expansion de la conscience.

Il est fondamental de cultiver le détachement d'une vie purement matérielle, hédoniste et érotisée, pour expérimenter la dimension spirituelle, ce qui ne signifie pas déprécier ou abandonner la vie de ce monde, mais plutôt valoriser les questions spirituelles et permanentes.

Pour cela, il est nécessaire de renoncer aux questions purement mondaines, en étant de ce monde sans être mondain. Le véritable spirite chrétien sera quelqu'un de différent des autres, non pas en raison de son isolement du monde, mais parce qu'il est conscient que ce monde est transitoire et que le sens de la vie réside dans la connaissance des Lois Divines inscrites en soi. Ainsi, il devient effectivement un apprenti du grand Maître Jésus.

La valeur du renoncement conscientiel s'appuie sur la volonté. La volonté est l'exercice du vouloir, qui ne doit pas être confondu avec le désir; c'est le vouloir dans le domaine de l'action. Le désir vient de l'ego tandis que la volonté qui réalise le vouloir est de l'essence de l'Être.

Le vouloir, dans le domaine de l'action, étant un exercice de la volonté essentielle, conduit la personne à agir de façon responsable par amour pour les enseignements de Jésus. Elle génère le renoncement responsable, avec lequel la personne se remplit d'enthousiasme et de vie.

Avec le **renoncement responsable**, la personne dirige son attention vers tout ce qui sera édifié dans le cœur. C'est une décision qui édifie les valeurs de l'amour, car on sait à quel point il est précieux de choisir l'humilité au lieu de la vanité, la fraternité au lieu de l'orgueil, le pardon au lieu de la haine, le discernement au lieu du bavardage, etc., afin d'engendrer l'individuation comme fidèle disciple de Jésus. La forteresse morale des grandes âmes de l'humanité, que nous admirons, n'a été rendue possible que par la pratique réfléchie et déterminée du renoncement.

C'est l'essence du renoncement conscientiel, une des vertus nécessaires à l'individuation, dans laquelle l'ego évolue progressivement en étant transformé par les énergies de l'Être Essentiel. L'ego existe pour servir l'Être Essentiel et non pour guerroyer avec l'Essence Divine en nous. Le processus de transformation intérieure ne résultera jamais d'une guerre intérieure, mais plutôt de la pacification intérieure. Ceci surviendra seulement à partir du moment où nous nous sentirons apprentis de la Vie et où nous apprendrons à renoncer aux choses du monde qui relèvent purement de l'ego et sont transitoires, pour chercher à édifier le Règne de Dieu en nous-mêmes.

Le renoncement ne doit pas être interprété comme du

mépris envers tout ce qui est de ce monde, ni comme un manque d'intérêt envers les choses de la vie, comme nous l'avons dit précédemment. Au contraire, il s'agit d'une des vertus les plus profondes, qui est portée par la force supérieure émanant de la foi, du courage et de la plénitude, et qui s'offre aux renonçants.

Ce n'est pas non plus une fuite de la réalité; c'est une quête essentielle de plénitude dans les questions essentielles de la vie. C'est une décision qui nous conduit à l'être, par transmutation du *paraître*. Le renoncement est la vertu par excellence, qui nous invite à exprimer l'amour par notre conduite, et pas seulement par l'intention. Telle est la condition pour devenir un disciple sincère et authentique de Jésus.

En ce début de 21ᵉ siècle, le monde est rempli d'activités intellectuelles, génératrices d'intellectualisme, de technicisme, d'hédonisme et d'érotisme comme jamais auparavant, et l'indifférence morale atteint aussi un niveau sans pareil.

En raison de cela, il est fondamental d'exercer les vertus, particulièrement le devoir conscientiel, conjointement avec le renoncement, la discipline, l'obéissance et la résignation, et de devenir des agents conscients, selon le conseil de Lazare : « Soumettez-vous à l'impulsion que nous venons donner à vos esprits; obéissez à la grande loi du progrès qui est le mot de votre génération. Malheur à l'esprit paresseux, à celui qui bouche son entendement! »

Afin que nous puissions nous connecter avec le devoir conscientiel de faire le bien à la limite de nos forces, en commençant à l'intérieur de nous, il est impératif de nous libérer de la paresse morale, par amour pour la Loi du Progrès et la Loi du Travail, et en pratiquant les vertus étudiées.

Plusieurs personnes se plaignent de ne pas savoir comment développer les vertus. Nous étudierons plus bas un dialogue réflexif, offert par l'Esprit Honorio au moyen de la psychophonie reçue par le médium Afro Stefanini II, afin que nous puissions nous soumettre aux Lois Divines en nous, en développant les vertus.

Nous ajoutons nos commentaires en parallèle avec le dialogue, qui est présenté en italique.

Par exemple : *Réflexion sur comment développer la vertu du discernement.* Cette méthode sert aussi à développer toute autre vertu que nous voulons.

Nous allons développer le discernement dans notre cœur. Le discernement appelle une Loi. Cette Loi est la semence et elle a besoin de prendre contact avec l'air, l'eau et le Soleil pour germer et croître.

Le Soleil représente Dieu, l'air est l'ensemble des Lois, et l'eau est la relation entre les attributs divins et les Lois dans le mouvement de la Prévidence et de la Providence Divines.

La Providence est la sollicitude de Dieu pour toutes Ses créatures et la Prévidence, la présence des Lois Divines dans notre conscience.

Je veux devenir une personne capable de discerner entre, d'une part, tout ce que je peux et dois faire et, d'autre part, tout ce que je peux mais ne dois pas faire; il y a une Loi que je suis invité à respecter avant tout. Quelle est cette Loi?

La Loi du Progrès.

En conséquence, la Loi du Progrès, qui est une Loi profondément solidaire, nous invite à pratiquer une autre loi. Quelle est cette Loi?

La Loi du Travail.

La Loi du Progrès, conjointement avec la Loi du Travail, mobilise la volonté pour réaliser des efforts continuels, patients, persévérants et disciplinés afin de développer le discernement ou toute autre vertu. Pourquoi cet exercice est-il nécessaire? Parce que personne ne progresse tout d'un coup ni sans travailler.

C'est la pulsion du progrès qui amène l'individu à utiliser sa volonté pour développer ses vertus. La personne est insatisfaite de sa façon de vivre et décide de s'améliorer. Ce choix est l'exercice de la Loi de Liberté, poussé par la Loi du Progrès, car c'est une fin divine que nous parviendrons inexorablement tous au plein bonheur, tel que consigné dans la réponse à la question 115 du *Livre des Esprits*, étudiée précédemment. Il y a un influx constant de Dieu vers Ses créatures, qui les invite à évoluer.

« La condition de tout progrès, c'est d'aimer travailler, dit le dicton populaire. Ceci ne s'applique pas seulement aux questions matérielles, mais par-dessus tout aux questions existentielles de l'Être. Les vertus ne seront pas développées simplement parce que nous le désirons, mais par un travail concret pour les développer.

Remarquons que nous ne pourrons progresser qu'en nous soumettant à la Loi du Travail. De là, nous allons ressentir la présence d'une autre Loi. Quelle est-elle?

C'est la Loi de Cause et Effet, et nous allons ressentir les effets bénéfiques de nos efforts de changement par la pratique du discernement.

Nous voyons que les Lois Divines s'additionnent les unes aux autres. Il en va de même pour les vertus. Dans le dialogue avec le Bienfaiteur, il dit que la Loi du Travail, conjointement avec la Loi du Progrès, donne une impulsion à la volonté, qui nous invite à développer des vertus comme l'effort continu, la patience, la persévérance et la discipline, afin de stimuler ensuite le développement des autres vertus. À partir de cet effort (cause), réalisé au moyen d'une autre vertu, l'autoamour, nous allons ressentir les bénéfices de notre effort (effet) nous renforçant dans la pratique des vertus.

Plusieurs craignent que la Loi de Cause et Effet soit une loi créée par Dieu pour nous punir. Ils pensent qu'elle est rattachée uniquement au mauvais usage du libre arbitre et à ses conséquences. Mais, comme toutes les Lois Divines, cette Loi existe pour que nous évoluions.

Nous sommes stimulés encore davantage au progrès lorsque nous ressentons les effets immédiats de l'effort pour devenir plus vertueux, car cela rend nos vies douces et légères, comme l'a enseigné le Maître Jésus. C'est la Loi de Cause et Effet qui produit cela, car si la cause est bonne, les effets le seront aussi. De la même façon, si la cause est la paresse morale, les effets seront la douleur et la souffrance. Ce sont le mors et l'éperon dont parle Lazare dans le texte que nous avons étudié. En raison de cela, il est très important de développer la vertu du discernement pour faire de bons choix.

Quelle que soit la vertu, si nous faisons des efforts pour l'exercer, elle produit les effets du bien-être, de la joie intérieure, du sentiment d'appartenance à l'Univers, car nous connectons alors notre force de volonté à la Volonté Divine, en ressentant pleinement les influx de Dieu stimulant notre progrès.

Lorsque nous commençons à ressentir la Loi de Cause et Effet, si nous auscultons notre cœur, nous ressentirons l'effet de la vertu du discernement et de la joie de conquérir cette vertu, et nous ressentons une autre Loi. Quelle est cette Loi?

La Loi d'Amour!

Et parce que nous nous remplissons avec la Loi d'Amour, nous voulons cela aussi pour d'autres personnes. Quelle Loi se manifeste alors?

La Loi de Charité, qui nous invite à faire aux autres ce que nous aimerions qu'ils fassent pour nous.

Lorsque nous réalisons la Loi de Charité, nous nous sentons profondément justes, et nous entrons en contact avec la Loi de Justice. Et, chaque fois, nous voulons faire plus : pratiquer plus la vertu, et ainsi de suite en plus.

À ce moment, nous réalisons une autre Loi. Quelle est cette Loi?

À partir de cette pratique vertueuse, nous nous soumettons profondément à la Loi de Gratitude, et nous devenons pleinement reconnaissants.

Évoluer signifie accomplir la mission donnée par Dieu à chacun de nous. Elle est intimement liée à la Grande Loi de Justice, d'Amour et de Charité : tous les actes que nous réalisons pour développer les vertus et réaliser les Lois Divines sont justes, amoureux et charitables avec nous-mêmes et avec les autres.

Afin de prendre une direction vers une sexualité saine, en suivant un processus de pratique des vertus qui générera notre bonheur, et pas seulement des moments éphémères de plaisir pour l'ego suivis de douleur et de souffrance, il est nécessaire de se demander à propos des actes que nous pratiquons : **est-ce que ce que je veux faire avec cette personne sexuellement est amoureux pour moi et pour elle? Est-ce juste pour moi et pour elle? Est-ce charitable pour moi et pour elle?** Si la réponse est positive, avançons, parce que cela veut dire que nous sommes connectés avec le divin en nous. Si la réponse est négative, alors faisons des efforts pour faire en sorte de changer nos choix. Si nous avons un doute, inversons le processus et demandons-nous : **si ce que je veux faire était ce que l'autre personne faisait avec moi, est-ce que j'aimerais cela?**

Nous percevons que, dans son dialogue, le guide Honorio nous offre un outil didactique. Dans la pratique quotidienne, on ne peut pas séparer les Lois ni les vertus. Mais nous sommes invités à constater qu'à un moment ou un autre, nous dirigeons davantage notre attention vers une Loi et une vertu en particulier, et que les efforts seront réalisés graduellement et continuellement, avec patience, persévérance et discipline. Une vertu s'associe à une autre, qui renforce la première, créant ainsi un cercle vertueux.

Existe-t-il une attitude plus autoamoureuse que de développer les vertus qui rendent notre vie de plus en plus harmonieuse?

Évidemment que non, et en raison de cela, quand nous faisons ces efforts, nous commençons à vivre dans un état de gratitude. La personne commence à vivre avec tellement de joie intérieure qu'il ne lui reste qu'à remercier le Créateur pour les présents qui l'ont stimulée à conquérir les vertus, en se soumettant pleinement aux Lois.

Tel est le sens des Lois Divines dans nos vies, en lien avec la présence de ces Lois dans notre conscience et avec la soumission profonde qui s'exprime par le développement des vertus.

Nous pouvons comparer la Loi Divine à une rivière, marquée par son lit, par les forêts sur ses bords, par les sources, etc., et les vertus sont les eaux de la rivière.

Ce que nous avons réfléchi sur le discernement s'applique également aux autres vertus à développer.

À ce moment précis, l'Intelligence Suprême de l'Univers, la Cause Première de toute chose, travaille de façon ininterrompue pour notre bonheur. Réfléchissons à cela, l'Être le plus puissant de l'Univers, le Cœur Suprême, utilise, en ce moment, toutes les énergies de Sa Suprême Volonté pour que nous soyons complètement heureux.

La Providence et la Prévidence Divines nous conduisent sans cesse à la rencontre éminente avec le Créateur. Si cela n'était pas ainsi, où seraient l'omniscience, l'omnipotence et l'omniprésence du Créateur?

Pour jouir de tout cela, l'effort de l'action et de la soumission aux Lois de Dieu et à Dieu est nécessaire.

Honório

5

Énergie des chakras et sexualité

Dans les chapitres précédents, nous avons fait quelques références aux chakras présents dans le corps fluidique de l'Esprit. Dans ce chapitre, nous examinerons la relation qui existe entre l'énergie des chakras et la sexualité.

Dans le mouvement spirite, plusieurs s'étonnent de l'utilisation du mot chakra. Ils disent qu'il s'agit d'ésotérisme et non de spiritisme, ou ils fondent leurs commentaires en affirmant qu'Allan Kardec n'a pas mentionné directement ce sujet.

Est-ce qu'une telle attitude viserait à dogmatiser la Doctrine spirite, qui n'est pas dogmatique?

Il est important de se rappeler que dans les œuvres de base, Allan Kardec a travaillé en considérant les généralités des phénomènes et des faits spirites. Les aspects spécifiques resteraient à révéler par la suite, tel qu'il l'a affirmé.

Est-ce que toutes les nuances du fonctionnement des Lois Divines naturelles, toute la connaissance universelle, seraient contenues dans seulement cinq livres? Le bon sens nous dit que non.

Approfondissons notre réflexion. Une étude attentive du *Livre des Esprits* révèle que le Codificateur lui-même a mentionné le sujet. Il est vrai qu'il n'a pas utilisé le mot sanskrit chakra, mais il a parlé de *centre vital*, ce qui est la même chose.

Voyons les questions 146 et 146 bis du *Livre des Esprits* :

« 146. L'âme a-t-elle un siège déterminé et circonscrit dans le corps?

« « Non, mais elle est plus particulièrement dans la tête chez les grands génies, chez tous ceux qui pensent beaucoup, et dans le coeur chez ceux qui sentent beaucoup et dont les actions se rapportent à toute l'humanité. »

« - Que penser de l'opinion de ceux qui placent l'âme dans un centre vital?

« « **C'est-à-dire que l'Esprit habite plutôt cette partie de votre organisation, puisque c'est là qu'aboutissent toutes les sensations.** Ceux qui la placent dans ce qu'ils considèrent comme le centre de la vitalité la confondent avec le fluide ou principe vital. **Toutefois, on peut dire que le siège de l'âme est plus particulièrement dans les organes qui servent aux manifestations intellectuelles et morales.** » *(notre mise en relief)*

Réfléchissons sur ces affirmations des Esprits supérieurs de l'humanité, qui nous ont donné la Doctrine spirite : parlent-ils du corps physique ou du périsprit?

Les neurosciences ont déjà prouvé que ce n'est pas le coeur qui ressent les émotions, mais le cerveau. Pourquoi alors les Bienfaiteurs affirment-ils qu'« elle est plus particulièrement (...) dans le coeur chez ceux qui sentent beaucoup et dont les actions se rapportent à toute l'humanité »? Parce qu'ils ne parlaient pas du corps physique, mais du périsprit, beaucoup plus complexe physiologiquement que le corps physique, et, plus spécifiquement, du centre vital du cœur ou quatrième chakra, appelé chakra de l'amour, dont la vertu harmonisante est la compassion.

Dans la question suivante, ceci devient très clair, lorsqu'ils expliquent que « le siège de l'âme est plus particulièrement dans les organes qui servent aux manifestations intellectuelles et morales ». En ce qui concerne les manifestations intellectuelles, nous pouvons déduire qu'il s'agit du cerveau. Cependant, en ce qui concerne les manifestations morales, quels organes du corps physique auraient cette fonction? En fait, ces organes ne sont pas dans le corps physique, mais dans le corps périspirituel.

Allan Kardec se demande si l'âme se situe dans un centre vital, c'est-à-dire un chakra, et les Bienfaiteurs répondent « que l'Esprit habite plutôt cette partie de votre organisation, puisque c'est là qu'aboutissent toutes les sensations. » On peut penser qu'ils parlent du périsprit et de ses organes spécifiques : les *centres vitaux* ou *chakras*, organes des *manifestations morales*, qui n'ont pas de correspondances dans le corps physique auquel ils sont rattachés par des plexus nerveux et des glandes endocrines.

Il n'était sans doute pas opportun que le Codificateur aborde dans le *Livre des Esprits* les détails de la physiologie du périsprit, sujet beaucoup plus complexe que l'étude du corps physique. Si l'étude du corps physique par les sciences de la santé exige des dizaines de volumes synthèses, est-ce que quelques lignes d'un livre ou même de cinq suffiraient à l'étude du périsprit, compte tenu de sa complexité?

Nous étudions les chakras depuis plusieurs années, du point de vue moral, en ciblant les vertus qui gèrent l'harmonie de chacun d'eux. Les connaître, pour pouvoir les ressentir et les expérimenter, est fondamental pour notre équilibre physique, psychique et spirituel.

En raison de cela, la question à l'étude va au-delà de la terminologie, c'est-à-dire chakra, centre de force ou centre vital. Notre intention est de nous attarder dans ce chapitre sur l'exercice des vertus reliées à la réalisation des Lois Divines.

Dans la littérature spirite, les études portant sur le fonctionnement du périsprit sont nombreuses et utilisent ou non le mot chakra.

Les références les plus fréquentes aux chakras apparaissent dans les œuvres de André Luiz, qui utilise les termes *centres de force*. Nous les retrouvons dans les livres : *Évolution dans deux mondes* (2010), *Mécanismes de la médiumnité* (2012), *Missionnaires de la Lumière* (2005), *Ouvriers de la vie éternelle* (2005), *Sexe et destin* (1963) et *Entre la Terre et le Ciel* (2007). La référence la plus complète sur ce sujet se trouve dans ce dernier livre, dans lequel André Luiz cite, aux chapitres 20 et 21, les conseils que Clarencio lui adresse ainsi qu'à Hilario :

> « Appliquons à notre bref cours, pourvu que cela soit possible, la terminologie utilisée dans le monde, afin que vous puissiez mieux retenir nos commentaires. En analysant la physiologie du périsprit, classifions ses centres de force, en nous rappelant les parties les plus importantes du corps terrestre. Le point le plus saillant du véhicule que nous utilisons actuellement est le centre coronaire, qui est désigné sur la Terre, par la philosophie hindoue, comme étant le lotus aux mille pétales, considéré le plus important en raison de son grand potentiel de radiations et où se situe la base du lien avec le mental, brillant siège de la conscience. Ce centre reçoit d'abord les stimulations de l'Esprit, et commande ensuite aux autres en vibrant avec eux dans un juste régime d'interdépendance… »

Manoel Philomeno de Miranda, dans différents livres psychographiés par Divaldo Franco, cite les chakras. Nous lisons tout d'abord ce qui suit au chapitre 3 de son livre publié en 1970, *Nos Bastidores da Obsessão* (Dans les coulisses de l'obsession) : « Une fois les chakras (mot sanskrit qui signifie « roue ») activés, par l'application habile des passes, la patiente, partiellement détachée de son corps physique par le sommeil corporel, parut souffrir un moment de faiblesse… »

Dans les années 1980, Joanna de Ângelis nous donna le livre Estudos Espíritas (Études spirites, 1982), dans lequel elle parle du périsprit, au chapitre 4 :

> « Depuis des temps immémoriaux, la philosophie hindoue étudie chez l'être réincarné, ses manifestations reliées aux chakras11 ou **centres vitaux** qui commandent parfaitement les organes fondamentaux de la vie… » *(notre mise en relief)*

Les chakras font partie du périsprit et sont en accord avec les Lois Divines naturelles. Ce ne sont pas une invention ésotérique d'Orientaux mystiques et dépourvus de bon sens, comme plusieurs, incluant des spirites, pensent. Alors les étudier signifie comprendre la physiologie du périsprit et ses manifestations.

Dans ce livre, nous utilisons un système de classification des chakras différent de celui propre à la philosophie hindoue, présenté par André Luiz dans la littérature spirite. Nous utilisons celui tiré de la **psychologie tibétaine**, qui étudie les chakras dans leurs fonctions morales ainsi que les vertus qui sont associées aux chakras pour les équilibrer. Notre étude est conforme à la réponse à la question 146 bis du *Livre des Esprits*, mentionnée précédemment.

Dans la question 100 du *Livre des Esprits*, où il traite de

---

11 Note de la guide Joanna de Ângelis : Chakra est un mot sanskrit qui signifie « roue ». Dans la langue pāli, le mot correspondant est chakka.

l'échelle spirite, le Codificateur lui-même affirme que les classifications n'ont rien d'absolu :

> « Il en est ici comme dans tous les systèmes de classifications scientifiques; ces systèmes peuvent être plus ou moins complets, plus ou moins rationnels, plus ou moins commodes pour l'intelligence; mais, quels qu'ils soient, ils ne changent rien au fond de la science. Les Esprits interrogés sur ce point ont donc pu varier dans le nombre des catégories, sans que cela tire à conséquence. **On s'est armé de cette contradiction apparente**, sans réfléchir qu'ils n'attachent aucune importance à ce qui est purement de convention; pour eux, la pensée est tout : ils nous abandonnent la forme, le choix des termes, les classifications, en un mot, les systèmes. » *(notre mise en relief)*

D'autres que Kardec abordent aussi la question de la relativité des systèmes de classification. Ainsi, les Bienfaiteurs de l'humanité en parlent, dans la réponse à la question 648 du *Livre des Esprits*, dans laquelle Kardec introduit une classification des Lois Divines naturelles :

> « *648. Que pensez-vous de la division de la loi naturelle en dix parties comprenant les lois sur l'adoration, le travail, la reproduction, la conservation, la destruction, la société, le progrès, l'égalité, la liberté, enfin celle de justice, d'amour et de charité?*
>
> « « Cette division de la loi de Dieu en dix parties est celle de Moïse, et peut embrasser toutes les circonstances de la vie, ce qui est essentiel; tu peux donc la suivre **sans qu'elle ait pour cela rien d'absolu, pas plus que tous les autres systèmes de classification qui dépendent du point de vue sous lequel on considère une chose.** La dernière loi est la plus importante; c'est par elle que l'homme peut avancer le plus dans la vie spirituelle, car elle les résume toutes. » » *(notre mise en relief)*

À partir de ces affirmations d'Allan Kardec et de l'Esprit

supérieur qui a fourni la réponse à cette question, nous concluons que la classification de la philosophie hindoue, présentée au mouvement spirite par André Luiz, n'a rien d'absolu, ni celle de la psychologie tibétaine que nous utilisons. Ce qui différencie les classifications est leur objet d'étude. Dans le système que nous utilisons, l'aspect sur lequel nous dirigeons notre attention est celui des manifestations morales ainsi que les vertus des chakras et leurs fonctions psychiques. Notre objectif est de comprendre que ces fonctions ne sont pas que physiologiques, mais qu'elles sont reliées aux vertus qui soutiennent la moralisation de l'être humain à la recherche de sa spiritualisation, en réalisant les Lois Divines et en s'approchant progressivement de Dieu.

Les chakras et leurs fonctions psychiques et spirituelles

Pour comprendre les chakras et leurs énergies, nous devons d'abord comprendre que le corps de l'être humain possède différents corps caractérisés par des niveaux d'énergie distincts, selon l'état de condensation qui caractérise chacun.

Une vision simplifiée du plan énergétique permet d'illustrer trois réalités : **Essentielle, Intermédiaire et Physique**.

La **réalité essentielle** ou **causale** exprime l'Essence Divine qui est la nôtre. C'est notre côté lumière. Sa nature est caractérisée par des propriétés spécifiques, comme l'énergie électrique et magnétique, au niveau essentiel.

L'Être Essentiel ou Causal est pure énergie électromagnétique, constituant ce que nous pourrions appeler Corps Causal. Il a une forme humaine, mais est fait de pure énergie, sans limites.

Il s'agit de l'Esprit dans son essence, et ses énergies, quand elles sont harmonisées, équilibrent les chakras et favorisent la santé; quand elles sont bloquées par des actes de désamour, elles génèrent des maladies.

La **réalité intermédiaire** correspond au corps fluidique de l'Esprit, c'est-à-dire le périsprit avec ses caractéristiques semi-matérielles, éthériques, qui est constitué à la fois d'énergie électromagnétique et de matière à l'état éthéré, et qui fonctionne comme intermédiaire entre le niveau essentiel de l'Esprit et le corps physique. Le périsprit possède ainsi des caractéristiques des deux.

Le périsprit est composé de plusieurs couches. Plus une couche du périsprit est près de l'Esprit, plus elle est éthérée; plus une couche du périsprit est près du corps physique, plus elle est matérialisée.

Les sept chakras principaux et les chakras secondaires sont dans le périsprit. Ces centres de force sont responsables de la distribution et de la transformation des influx énergétiques essentiels, comme décrit plus bas.

La **réalité physique** correspond, évidemment, à notre corps physique. C'est la forme la plus condensée, dans laquelle la matière est figée.

Les échanges entre la réalité physique et la réalité essentielle ou causale, qui génèrent le corps physique, sont réalisés par les cinq sens qui imprègnent le corps intermédiaire de leurs sensations, et se répercutent ensuite dans la réalité essentielle. Par ailleurs, tout ce qui se produit dans la réalité essentielle se répercute dans le corps physique, également par l'intermédiaire du corps périspirituel. Il y a une interpénétration entre eux.

En synthèse, le corps physique n'est qu'une expression de l'Être Essentiel, par l'intermédiaire du corps fluidique.

Il est important de se rappeler que ce point de vue est seulement didactique, car il est impossible de déterminer où se termine l'Esprit et où commence le périsprit, ainsi qu'où se termine le péripsrit et où commence le corps physique. La délimitation que nous faisons a pour but de faciliter la compréhension de l'existence de ces trois niveaux d'énergie, afin que nous puissions saisir, par exemple, que les maladies résultent de l'usage inadéquat des énergies, c'est-à-dire qu'elles sont générées par les erreurs que nous commettons, par rébellion ou ignorance, à propos de la vie et de sa finalité.

Chaque fois que, par ignorance ou rébellion, nous agissons en contradiction avec la Loi de Justice, d'Amour et de Charité, qui nous oriente vers le progrès, cela crée un blocage énergétique dans l'Être Essentiel. Comme c'est lui qui fournit l'énergie qui nous maintient en vie, son blocage entraîne un déséquilibre énergétique du corps fluidique et, par la suite, celui-ci répercute dans le corps physique l'interférence dont il est l'objet, laquelle se manifestera en maladie mentale et physique.

De ce point de vue, les maladies ont un caractère positif, car elles alertent l'individu sur les erreurs qu'il crée ou qu'il a créées, afin de pouvoir les corriger. Ce sont des mécanismes d'alerte qui invitent la personne à percevoir les facteurs spirituels, psychiques et émotionnels qui causent les déséquilibres énergétiques, afin de pouvoir transmuter ces déficiences par l'exercice de l'amour; cela permettra un retour à l'équilibre et, conséquemment, à la santé.

Ainsi, la maladie a le rôle de stimuler le processus évolutif de l'être humain, avec sa fonction de discipline et de régulation, en invitant l'Être à l'équilibre, quand il s'en éloigne par ses actes. En étant malade, la personne ressent la volonté de retrouver la santé, et de cette façon, elle est invitée, par les mécanismes créés par Dieu, à chercher à stabiliser sa conduite, afin de se libérer de la maladie.

Ce que sont les chakras

Les chakras sont des centres d'énergie, ou de force, qui existent à l'intérieur du corps fluidique de l'Esprit, le périsprit.

En sanskrit, ce mot signifie « cercles ». Les chakras sont des vortex d'énergies subtiles qui suivent des mouvements circulaires d'expansion et de contraction, dans le sens vertical et horizontal.

Leur fonction est de capter les énergies provenant de Dieu, qui sont disponibles pour toutes Ses créatures afin de vitaliser leur corps fluidique. Ce dernier les transmet, par la suite, à toutes les cellules du corps physique, où elles génèrent l'énergie vitale.

Des recherches récentes sur le fonctionnement de l'acupuncture ont prouvé l'existence des chakras, des méridiens et des points d'acupuncture, qui sont des microchakras reliés aux chakras principaux par des canaux d'énergie.

Physiologiquement, les chakras agissent comme des transformateurs d'énergie, en la condensant davantage afin de pouvoir l'utiliser dans le corps physique. Les énergies captées par les chakras stimulent, par les systèmes nerveux et endocrinien, la production de sécrétions hormonales qui gèrent le fonctionnement des organes du corps physique.

Comme les chakras sont des condensateurs d'énergie, l'énergie mentale de l'Esprit est intimement liée à son bon ou mauvais fonctionnement, c'est-à-dire au type d'énergie, constructive ou destructive, maintenu par les pensées et les sentiments.

Les chakras sont à la base du fonctionnement du mental et du corps physique, favorisant soit la santé, soit la maladie, selon les énergies que nous canalisons par leur intermédiaire.

Afin de pouvoir canaliser une énergie mentale constructive, et aborder le subconscient par la plénitude de la conscience, en route vers la supraconscience, il est fondamental d'établir une vigilance constante de nos pensées et de nos sentiments.

Lorsque nous nous maintenons dans l'invigilance, nous agissons de façon subconsciente et créons des inhibitions ou des congestions d'énergie; en conséquence, les chakras fonctionnent de façon déséquilibrée.

Ainsi, les croyances autolimitantes et les pensées automatiques de passivité, conjointement avec les sentiments suscités par celles-ci, génèrent une hypoactivité des chakras, qui deviennent inhibés. À l'opposé, les croyances autolimitantes et les pensées automatiques de réaction, conjointement avec les sentiments suscités par celles-ci, génèrent une hyperactivité des chakras, qui deviennent congestionnés.

Les sept chakras principaux et les secondaires sont associés au corps physique par l'intermédiaire d'un plexus nerveux et d'une glande endocrine.

Les chakras principaux sont situés le long d'une ligne verticale qui monte de la base de la colonne jusqu'à la tête, dans la dimension du périsprit. Le premier chakra, appelé chakra racine, est situé le plus bas, près du coccyx. Le deuxième chakra, appelé sacré, se situe tout juste sous le nombril. Le troisième, celui du plexus solaire, se trouve dans la moitié supérieure de l'abdomen, sous la pointe du sternum. Le quatrième, aussi connu comme le chakra cardiaque, se trouve au milieu du sternum, près du cœur et du thymus. Le cinquième chakra, celui de la gorge, est situé dans le cou, près de la pomme d'Adam, dans la région de la thyroïde et du larynx. Le sixième chakra, celui de la tête, est au milieu du front, légèrement au-dessus du nez. Le septième chakra, le coronaire, est situé sur le dessus de la tête.

Les chakras contrôlent le flux de l'énergie vitale, qui circule dans les différents organes du corps physique. Lorsqu'ils fonctionnent de façon adéquate, ils renforcent et équilibrent ce-lui des systèmes physiologiques leur correspondant. Leur fonctionnement anormal produit des altérations dans le système physiologique concerné dans le corps physique. Ces altérations ne se limitent pas à un seul système, puisque les chakras forment un réseau intégré. Ainsi, lorsqu'une personne devient malade, la manifestation la plus intense de la maladie apparaîtra dans un organe, mais tous les autres sont aussi affectés, car du point de vue énergétique il n'y a pas de séparation. C'est l'ensemble qui devient malade.

De la même façon, quand un chakra s'équilibre, il contribue à l'équilibre des autres et au maintien de la santé de la personne, par l'interrelation des systèmes homéostatiques des corps physique et fluidique, car chaque système doit opérer en harmonie avec les autres, dans une parfaite synchronie.

Le flux des énergies divines circule, à l'intérieur du corps, par le chakra coronaire, au-dessus de la tête, puis est activé par le chakra cardiaque. Comme les chakras sont intimement liés à la moelle épinière et aux ganglions nerveux, ils sont alignés sur l'axe central du corps, et l'énergie subtile circule vers le bas, à partir du chakra coronaire qui la distribue vers les différentes parties et les organes du corps, en la transformant en énergie condensée par l'effet des sécrétions des hormones. De cette façon, l'ensemble du corps est stimulé à libérer des hormones dans le flux sanguin, agissant avec une extrême puissance sur tout l'organisme, même lorsqu'il s'agit de quantités infimes.

En plus de cette fonction physiologique, les chakras accomplissent un rôle spirituel spécifique : en étant associés aux questions psychiques et émotionnelles, ils interviennent dans le développement de la conscience, comme nous l'avons vu à la figure 1. Comme l'illustre la figure 4, le premier chakra est responsable de la sécurité; le deuxième, du plaisir; le troisième, du pouvoir; le quatrième, de l'amour; le cinquième, de la connaissance; le sixième, de l'inspiration; et le septième, de la transcendance. Tous ces attributs sont fondamentaux pour le processus de développement de l'être humain.

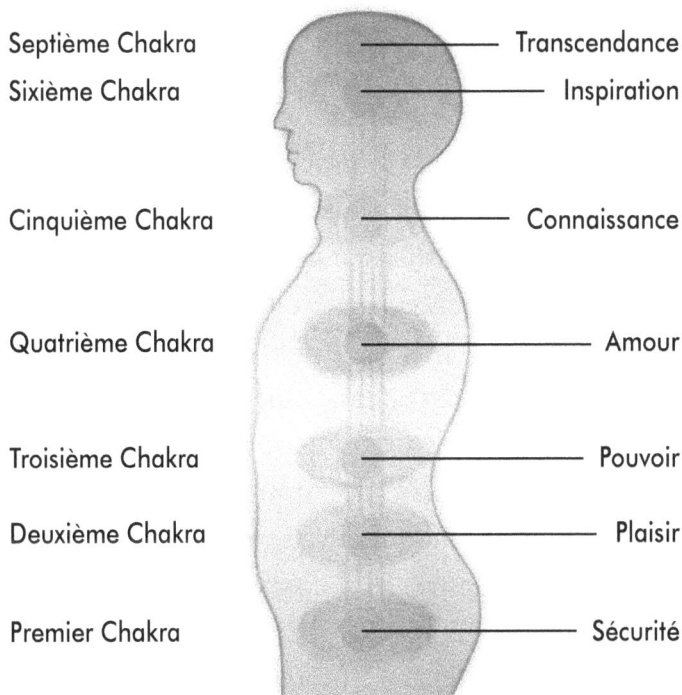

Septième Chakra		Transcendance
Sixième Chakra		Inspiration
Cinquième Chakra		Connaissance
Quatrième Chakra		Amour
Troisième Chakra		Pouvoir
Deuxième Chakra		Plaisir
Premier Chakra		Sécurité

Figure 4. Les sept chakras principaux

Afin de comprendre comment les chakras sont impliqués dans le processus santé/maladie, il est nécessaire de comprendre, comme mentionné précédemment, que nos énergies sont susceptibles de subir deux types de déséquilibre : **inhibition** et **congestion**.

L'inhibition est le résultat du blocage des énergies du corps fluidique, lorsque celles-ci ne sont pas absorbées correctement. L'hypoactivité des chakras se répercute sur les organes et les glandes, générant un état d'inertie, d'hypotonie ou d'asthénie. L'inhibition énergétique des fonctions psychiques, organiques et glandulaires produit dans l'organisme physique des états maladifs comme l'hypoglycémie, l'hypotension, l'hypothyroïdie, la fatigue, la somnolence, la démotivation et la dépression, entre autres.

La **congestion** survient lorsque les énergies ne sont pas utilisées de façon adéquate et s'accumulent dans les chakras. Dans ce cas, il y a une hyperactivité des chakras, qui produit une congestion dans le corps fluidique. Ce processus est semblable aux inflammations dans le corps physique. Les régions du corps fluidique qui sont enflammées génèrent une hyperactivité des organes et des glandes du corps physique, résultant en maladies comme l'hypertension artérielle, l'hypersécrétion d'acides du système digestif – responsable des gastrites et des ulcères peptiques – l'hyperthyroïdie, l'hyperglycémie, les arthrites ou les céphalées. Toutes ces maladies sont causées par l'excès de stimulation des organes.

Autant l'hypoactivité que l'hyperactivité des chakras découlent de l'identification ou de la dissimulation des sentiments négatifs, propres à l'ego, que nous maintenons. Tandis que leur activité normale dépend de l'effort de développement des vertus essentielles, reliées aux questions transcendantes de la vie.

Nous verrons, au tableau 1, comment ces mouvements se produisent dans les différents chakras. Initialement, nous aimerions souligner les points suivants : le modèle exposé a uniquement un but didactique; les mouvements antagonistes ne sont pas des distinctions définitives et absolues, et il y a une gradation entre eux; une personne a rarement un seul type de mouvement en elle, la majorité d'entre nous a les deux types de déséquilibres, dont l'un prédomine; à certains moments, nous pouvons expérimenter l'équilibre de nos chakras.

Les chakras, leurs fonctions morales et les vertus qui les équilibrent

	HYPOACTIVITÉ	ACTIVITÉ NORMALE	HYPERACTIVITÉ
1ᵉʳ chakra	INSÉCURITÉ	SÉCURITÉ	TÉMÉRITÉ
2ᵉ chakra	MÉPRIS DU PLAISIR (PURITANISME)	PLAISIR	ATTACHEMENT AU PLAISIR (SENSUALISME)
3ᵉ chakra	IMPUISSANCE	POUVOIR	OMNIPOTENCE/ PRÉPOTENCE
4ᵉ chakra	INDIFFÉRENCE	AMOUR	ATTACHEMENT
5ᵉ chakra	DISSIMULATION ET MÉPRIS DE LA CONNAISSANCE	CONNAISSANCE	ABUS DE LA CONNAISSANCE
6ᵉ chakra	SCEPTICISME	INSPIRATION ET INTUITION	MYSTICISME
7ᵉ chakra	MÉPRIS DES FONCTIONS PSYCHIQUES	TRANSCENDANCE	ABUS DES FONCTIONS PSYCHIQUES

Tableau I – Les chakras et le psychisme

Dans la suite de ce chapitre, nous étudierons chaque chakra.

Premier chakra (racine) : Sécurité (sens de la réalité essentielle)

- **Hypoactivité : insécurité**
- **Hyperactivité : témérité**
- **Vertus essentielles responsables de l'équilibre : humilité et douceur**
- **Sentiments propres à l'ego responsables du déséquilibre : orgueil et rébellion**

Le **premier chakra** a comme **fonction** de **maintenir** la sécurité de l'individu et de soutenir le fonctionnement de sa vie biologique et psychologique. C'est le chakra de la conservation de la vie et de l'affirmation de la personne dans le monde des relations.

Il est relié aux instincts primaires de survie, agissant comme principal agent de la réponse de fuite ou de lutte, lorsqu'il fait face à un danger, et il est relié à la peur des blessures au corps physique qui sont susceptibles de menacer la vie de la personne.

Dans le psychisme, la volonté de vivre et l'affirmation de la capacité de l'Être dans les difficiles expériences naturelles de la vie composent le sens de la réalité et sont régulées par ce chakra.

Lorsque l'énergie est équilibrée, la personne se sent en sécurité et autoconfiante par rapport aux défis, en mettant ses capacités à l'épreuve, en apprenant des erreurs et des bons coups, en manifestant la volonté de vivre et en affirmant ses valeurs. Quand des obstacles se dressent dans sa vie, elle cherche à se libérer d'eux en prévenant les difficultés avec prudence et tranquillité.

Lorsqu'elle est en équilibre, la personne ressent une peur naturelle lorsqu'elle fait face à l'inconnu. Cette peur, issue de son instinct d'autoconservation, peut être surmontée en prenant des précautions et en agissant avec prudence.

Lorsqu'il est congestionné par l'**hyperactivité**, ce chakra génère la **témérité** qui fait que l'individu ne ressent aucune peur et agit de façon irréfléchie et imprudente, mettant sa propre vie en danger et, souvent, celle des autres, sans penser aux conséquences de ses actes pour lui-même ni pour les autres. D'un point de vue superficiel, il paraît être extrêmement autoconfiant et sans peur. Mais dans la réalité, cette autoconfiance est fausse, car elle ne comporte pas de courage. Les personnes dans cette situation ressentent en réalité un mépris pour la vie et agissent donc de façon téméraire.

De nos jours, il y a un culte à la témérité, par exemple dans les sports extrêmes et autres jeux qui mettent en danger la vie des personnes qui veulent, selon leur expression, vivre sur l'adrénaline. Cette adrénaline, qui est utile pour la réponse de *fuite* ou de *lutte*, donc nécessaire à la conservation de la vie en cas de danger, est produite par les glandes surrénales, auxquelles le premier chakra est relié.

Devant un danger réel, c'est une question de survie de savoir comment réagir. Le problème est qu'aujourd'hui, les personnes, particulièrement les plus jeunes, créent des dangers artificiels, générant ainsi une hyperactivité du premier chakra, par exemple : dans les jeux des parcs d'attractions, ils chutent vertigineusement à partir de grandes hauteurs, avec la sensation de tomber dans un abîme; ils abusent des sports extrêmes, qui deviennent de plus en plus dangereux; ils pratiquent illégalement les courses de rue dans les grandes villes; ou ils participent à des jeux vidéo remplis de violence. Avec de telles attitudes, ils créent ce qu'on appelle le *vice de l'adrénaline*, dont la sécrétion est réglée par le corps dans des conditions spécifiques, mais qui provoque de graves conséquences pour la santé physique et mentale de l'Être lorsque produite en excès.

Si, au contraire, la sécrétion de l'adrénaline est inhibée par l'**hypoactivité**, le chakra provoque l'**insécurité**, et l'individu se sent incapable d'agir et de s'affirmer dans la vie, en ayant peur de tout et de tous. Se croyant incapable, il est démuni devant les défis naturels de l'existence et, au niveau extrême, il peut même être paralysé par la peur de commettre des erreurs et en ressentir de la souffrance.

Cela entraîne une dépendance psychologique de l'individu envers l'approbation des autres, auxquels il se réfère pour valider sa propre façon d'être.

Les sentiments essentiels responsables de l'équilibre de ce chakra sont les vertus de l'**humilité** et de la **douceur**. Pourquoi l'humilité et la douceur? Qu'est-ce que ces deux vertus ont à voir avec la sécurité? Elles permettent l'acceptation des choses telles qu'elles sont, en particulier de notre grande réalité d'Esprit immortel en évolution comme apprenti de la Vie.

Est-il possible d'être un apprenti sans exercer l'humilité et la douceur? Non! C'est pour cela que Jésus valorise ces deux vertus comme chemin pour obtenir l'apprentissage : « Apprenez de moi parce que je suis doux et humble de cœur ».

Nous sommes des créatures divines en processus d'apprentissage. Nous aurons la pleine conscience de cette réalité uniquement en faisant l'exercice de l'humilité et de la douceur. Nous obtiendrons ainsi la sécurité intérieure d'être des Enfants de Dieu et aussi d'appartenir à l'Univers.

La pleine conscience de qui nous sommes nous permettra de développer l'autoconfiance, la confiance en Dieu et la confiance dans la Vie. Ce sont les trois conditions fondamentales pour expérimenter la vie en équilibre et être conscients que nous sommes perfectibles, c'est-à-dire des Esprits en évolution, se perfectionnant jusqu'à atteindre la perfection relative au moyen de la pratique des vertus.

Toutes les difficultés que nous créons dans nos vies proviennent des sentiments propres à l'ego responsables du déséquilibre : l'**orgueil** et la **rébellion**.

Analysons la situation suivante. Une personne se dit : « Je dois changer, je dois devenir une personne meilleure, même si ça doit me coûter quelques larmes. » Est-ce que cela est positif? Non! C'est un faux positif. Ça paraît positif, mais ce ne l'est pas, car la personne qui dit cela ne fait pas l'exercice de l'humilité et de la douceur; elle pratique plutôt l'orgueil et la rébellion, aussi paradoxal que cela paraisse.

Pourquoi est-ce de l'orgueil et de la rébellion? Parce qu'elle n'accepte pas ses contraintes, mais s'oblige à être bonne, sans tenir compte de comment elle est à ce moment de son évolution. Elle veut devenir vertueuse sans faire l'effort de transformer son vice propre à l'ego en vertu.

Par l'humilité, la personne reconnaît sa petitesse et, en même temps, sa grandeur. En tant qu'Esprits ignorants invités à évoluer, nous sommes très petits devant un Univers incommensurable, mais en même temps nous sommes grands si nous considérons le potentiel d'ange en nous.

Il n'y aura pas de transformation possible sans reconnaissance préalable de l'ignorance que nous devons surmonter progressivement. Pour accepter cette réalité pleinement, l'humilité et sa fidèle compagne, la douceur, sont des vertus essentielles que nous possédons comme potentiel à développer. Pour leur part, l'orgueil et la rébellion sont des vices moraux que nous portons encore en nous.

Comment pouvons-nous développer une vertu essentielle sans admettre, d'abord, que nous avons le vice qui y est contraire? Ce n'est évidemment pas possible.

Si une personne veut devenir meilleure, il est fondamental qu'elle accepte, humblement, qu'elle porte en elle l'orgueil de vouloir devenir une personne vertueuse d'un moment à l'autre, nourrissant ainsi des sentiments d'omnipotence et de prépotence, présents jusque dans son désir de devenir meilleure.

Par l'exercice de l'acceptation de sa condition d'être humain, l'apprenti de la Vie se syntonisera avec l'occasion bénie de se transformer en une personne meilleure, par la transformation intérieure.

En prenant conscience de cette réalité, la personne se dit à elle-même : « Je désire être une personne meilleure, mais je suis consciente de ma condition d'être humain et, ainsi, je reconnais que je conserve plusieurs imperfections en moi. Cependant, j'ai la possibilité de les transformer progressivement en occasions de croissance intérieure. » Avec cette pensée, elle pratique véritablement l'humilité et la douceur, en étant un apprenti de la Vie, en processus d'évolution.

Ce chemin lui permet de développer des pensées nobles et des vertus essentielles. Dans le chemin parcouru jusque-là, cette personne ne pouvait développer que les masques de l'ego, de façon subconsciente plutôt que par l'autoconscience.

Si nous n'acceptons pas les limites qui sont les nôtres, nous ne pourrons pas développer les vertus. Le processus de choix conscient est donc fondamental, en plus d'être doux et léger.

Comment le développement des vertus pourrait-il être un processus lourd, réalisé de force? Jésus dit : « Apprenez de moi parce que je suis doux et humble de cœur ». On peut même imaginer Jésus, en train de parler avec une voix douce, gentille et mélodieuse : « Venez à moi vous tous qui êtes fatigués et chargés, et je vous soulagerai. Chargez mon joug sur vous, et apprenez de moi parce que je suis doux et humble de cœur; et vous trouverez le repos de vos âmes. Car mon joug est aisé, et mon fardeau est léger. » (Matthieu 11:28-30)

Pour devenir, réellement, des personnes conscientes, il nous faut devenir des apprentis de Jésus, Maître d'amour, de douceur et d'humilité, qui nous conduit à Dieu.

Deuxième chakra (sacré) : Plaisir

- **Hypoactivité : puritanisme**

- **Hyperactivité : sensualisme**

- **Vertus essentielles responsables de l'équilibre : gratitude + humilité et douceur (provenant du premier chakra)**

- **Sentiments propres à l'ego responsables du déséquilibre : ingratitude + orgueil et rébellion (provenant du premier chakra)**

Le **deuxième chakra** a comme **fonction** le **plaisir**, que ce soit celui d'ordre physiologique, généré par l'instinct de survie, celui d'ordre sexuel, celui associé à l'alimentation ou le plaisir de vivre ou de s'affirmer dans le monde.

Il y a un lien direct entre le premier et le deuxième chakra, en ce qui concerne le maintien de la vie physique, entretenu par le plaisir que le sexe et l'alimentation fournissent. Si Dieu n'avait pas inséré le plaisir dans ces deux fonctions vitales, il n'y aurait pas pérennité de la vie par la reproduction et nous pourrions mourir d'inanition. Notons que le plaisir est donc sacré dans son origine.

De la même façon, il existe en nous le plaisir psychoémotionnel de s'affirmer dans le monde, d'être capable, d'être utile, de réaliser la partie qui nous revient dans la création d'un monde meilleur pour tous, à commencer par notre monde intérieur.

Les personnes qui ont une relation sacrée avec le plaisir l'expérimentent de façon de moins en moins sensuelle, par le développement des plaisirs essentiels, reliés à l'esthésie, comme la convivialité amicale, les lectures édifiantes, une promenade dans la nature, la création de belles et bonnes choses, la cocréation de l'Univers, etc. Rien de cela n'empêche de jouir, avec équilibre, du plaisir d'une relation sexuelle ou de la bonne nourriture.

Lorsque ce chakra est congestionné par l'**hyperactivité**, l'individu s'**attache au plaisir**, au **sensualisme**, dans lequel il abuse du plaisir sensuel, en le recherchant à tout prix, par exemple, dans le sexualisme ou la gloutonnerie, se créant ainsi beaucoup de difficultés à lui-même et aux autres.

Ces personnes manifestent une attitude sensualiste. Elles sont encore très orientées par l'ego, par les sens physiques et par la vie matérielle. Elles vivent pour profiter des plaisirs, qu'il s'agisse du sexe, de la nourriture ou, le plus souvent, des deux. Elles inversent ainsi leurs valeurs, car le sexe et la nourriture servent à maintenir la vie, mais la vie n'a pas pour but essentiel d'en profiter.

Dans le sexualisme, comme nous l'avons vu, l'être utilise les autres personnes comme objets de plaisir, sans se préoccuper de leurs sentiments. Les conséquences seront graves pour ceux qui les utilisent et pour ceux qui sont utilisés.

Comme elles sont orientées vers les plaisirs sensuels, ces personnes ne sont pas disponibles pour les plaisirs associés à une émotion esthétique, car la matière prédomine sur les valeurs spirituelles. Ainsi, elles sont encore très distantes des plaisirs essentiels reliés à l'acte de vivre.

Comme nous l'avons vu à la question 59, au chapitre 2, c'est par ce chakra et par le septième que se produisent les processus d'obsession sexuelle. Les Esprits unissent leur deuxième chakra avec celui de l'incarné pratiquant le sexualisme, pour absorber ses énergies sexuelles, par un mécanisme de vampirisation, et pour ressentir le plaisir comme lorsqu'ils disposaient eux aussi d'un corps physique.

Lorsque le chakra est plutôt inhibé par l'**hypoactivité**, la personne a une **aversion pour le plaisir**. Dans ce **puritanisme**, elle inhibe la circulation des énergies et méprise le plaisir. Ceci résulte généralement de croyances religieuses bien ancrées, voulant que le plaisir soit impur et aussi un péché.

Normalement, cette attitude puritaine apparaît après une longue période de recherche du plaisir pour le plaisir, que ce soit dans l'existence actuelle ou dans d'autres expériences de vie. La personne sort d'un déséquilibre extrême pour se diriger vers un autre, en niant toute forme de plaisir. Cette attitude a atteint son point culminant au Moyen-Âge. À moindre échelle, il existe encore aujourd'hui des personnes avec de telles croyances religieuses, antinaturelles. Car comme nous l'avons vu, l'origine du plaisir se trouve dans la sagesse du Créateur de la Vie, qui l'a créé pour assurer la conservation de la vie.

Ces croyances amènent ces personnes à se sentir coupables lorsqu'elles expérimentent du plaisir. Elles veulent alors rapidement s'infliger des punitions pour le « péché » commis, incluant le péché originel dans la Bible et la crucifixion de Jésus, sans compter tous ceux plus personnels et inconfessables, reliés pour la plupart au sexe et commis en secret ou par la pensée, même s'ils ont été aussitôt réprimés.

En abolissant le plaisir dans leur vie, pour ne plus commettre d'erreurs, elles pensent avoir pris une bonne décision, en oubliant toutefois que nous pouvons nous libérer d'un problème d'attachement uniquement par le détachement, pratiqué avec l'usage équilibré de ce que nous vénérerions auparavant.

Quand on cultive systématiquement l'aversion au plaisir, cela peut provoquer la diminution ou la disparition complète du plaisir de vivre. C'est ce qui se produit dans la dépression et qui conduit souvent les personnes jusqu'au suicide, en contradiction avec leur propre instinct de survie.

Le sentiment essentiel responsable de l'équilibre de ce chakra est la **gratitude**, en plus de l'humilité et de la douceur associées au premier chakra; nous avons déjà dit que les chakras fonctionnent en synchronie et sont interdépendants.

Pourquoi la gratitude? Est-il possible de vivre sans plaisir? Ces questions sont pertinentes, mais nous devons nous rappeler que le Créateur, dans sa sagesse et sa bonté infinies, nous a donné la vie avec plaisir, et il est fondamental de Lui en être reconnaissants.

Le sentiment propre à l'ego qui déséquilibre le deuxième chakra est donc l'**ingratitude**, résultant de la rébellion et de l'orgueil. Il est fondamental de reconnaître que nous sommes destinés et que nous avons été créés pour le bonheur, pour le bien, pour le bon et pour le beau, et que nos efforts nous conduiront à la perfection relative. En reconnaissant cela, nous saurons aimer et être reconnaissants envers le Créateur, équilibrant ainsi le deuxième chakra.

Cependant, lorsqu'à un niveau ou un autre, nous repoussons notre condition d'apprenti créé avec toutes les aptitudes pour le bonheur, nous pratiquons l'ingratitude et devenons très malheureux, jusqu'à ce que nous décidions de modifier notre attitude.

Troisième chakra (plexus solaire) : Pouvoir

- **Hypoactivité : impuissance**

- **Hyperactivité : omnipotence et prépotence**

- **Vertus essentielles responsables de l'équilibre : acceptation + gratitude + humilité et douceur**

- Sentiments propres à l'ego responsables du déséquilibre : inacceptation + ingratitude + orgueil et rébellion

Le **troisième chakra** a comme **fonction** le **pouvoir**. Pour soutenir la vie, le pouvoir de vivre est fondamental ainsi que le pouvoir de réaliser des actions d'autotransformation et celui d'évoluer jusqu'à la plénitude de l'être.

C'est directement relié au pouvoir de la personne de choisir un chemin ou un autre, d'être capable de conduire sa propre vie et d'être heureux. Grâce aux énergies de ce chakra, la personne exerce le pouvoir de se transformer pour le mieux, et elle peut ainsi servir d'exemple de transformation pour les autres personnes.

Lorsqu'équilibrée, la personne utilise son pouvoir dans la relation avec les autres pour les guider, les conseiller et collaborer, si les autres souhaitent son aide.

Lorsque le chakra est congestionné, par suite de l'abus du pouvoir dans l'**hyperactivité**, il se produit deux mouvements interreliés et semblables : l'**omnipotence** et la **prépotence**.

Dans le mouvement d'**omnipotence**, la personne croit qu'elle a un superpouvoir et, en conséquence, elle a tendance à vouloir faire les choix et à vivre la vie pour les autres personnes, afin d'éviter qu'elles passent par les expériences nécessaires à leur développement personnel. Elle s'idéalise, consciemment ou subconsciemment, s'estimant plus intelligente et plus capable que les autres, et elle désire donc les diriger et intervient dans leur vie.

Dans le mouvement de **prépotence**, la personne utilise la force contre l'autre, qui est subjugué. La personne prépotente se croit supérieure aux autres, et elle force donc la soumission de ceux qu'elle pense lui être inférieurs. Par la force brute ou par la force intellectuelle, elle fait en sorte que l'autre modifie sa manière d'être, pour répondre à ses volontés.

Ces deux mouvements sont interdépendants. La personne qui se sent super capable, avec un pouvoir beaucoup plus grand qu'il ne l'est en réalité, désire, en plus de conduire sa propre vie, diriger aussi la vie des autres et tous les facteurs extérieurs; la personne croit avoir des superpouvoirs pour pouvoir intervenir dans tout autour d'elle. Elle agit avec autoritarisme et s'ingère dans la vie des autres, jusqu'à être tyrannique dans les cas extrêmes.

Son désir de contrôler tout ou tous découle de son *sentiment de supériorité*, alimenté par l'orgueil en réaction au *complexe d'infériorité*, que l'omnipotent ou le prépotent possède en définitive.

Psychologiquement, à un niveau très profond, ce mouvement est une tentative de la créature d'égaler le Créateur, le seul véritablement Omnipotent, ce qui explique l'origine du complexe d'infériorité. Se sentant inférieure, la personne tente d'éliminer ce sentiment, en développant une pseudo-supériorité.

Prépotence et omnipotence représentent un faux pouvoir, car personne ne peut vivre la vie pour un autre, faire des choix à sa place ou le faire changer. Personne ne peut subjuguer véritablement le Je de l'autre.

D'un autre côté, lorsque les énergies du troisième chakra sont inhibées, l'**hypoactivité** entraîne l'**impuissance**. L'individu se sent incapable de choisir la direction de sa propre vie et d'être heureux, et, à l'extrême, il a tendance à se soumettre aveuglément et à s'autoannuler. Encore là, il s'agit d'attitudes intimement reliées à la prépotence et à l'omnipotence.

Normalement, lorsque la personne ne réussit pas, pour une raison ou une autre, à pratiquer avec succès la prépotence ou l'omnipotence qu'elle manifeste, c'est-à-dire qu'elle est frustrée dans sa tentative d'action prépotente ou omnipotente, alors elle entre dans la polarité passive de l'ego, caractérisée par l'**impuissance**. Elle réagit alors de façon opposée au mouvement qui l'animait jusque-là, commençant à penser qu'elle n'est bonne à rien, qu'elle ne peut rien contrôler, qu'elle ne peut rien réussir dans la vie et, enfin, qu'elle est incapable d'exercer une quelconque activité ayant une influence sur la vie de l'autre.

Cependant, l'impuissance est aussi une façon d'exercer faussement le pouvoir, car personne n'est à ce point incapable qu'il n'exerce aucun pouvoir. Il y a une relation directe entre le sentiment d'impuissance et l'insécurité du premier chakra.

L'omnipotence, si souvent associée au déséquilibre de ce chakra, découle du sentiment, propre à l'ego, d'inacceptation de notre condition de créature de Dieu, qui fait que l'Être créé désire atteindre le niveau de l'Absolu. Comme il s'agit d'un désir non réalisable, la personne verse dans l'impuissance ou la prépotence.

Le sentiment essentiel, relié directement au troisième chakra, est donc l'acceptation. Il est fondamental que nous acceptions nos limites et le fait que nous sommes des apprentis de la vie et des êtres créés pour atteindre la perfection relative, car seulement Dieu est Absolu.

Nous ne pourrons transmuter ce désir impossible qu'après avoir pleinement admis que nous sommes et nous serons toujours des êtres limités, même lorsque nous deviendrons des Esprits purs. Comme créatures créées par Dieu, nous aurons toujours un pouvoir relatif.

Quatrième chakra (cœur) : Amour

- **Hypoactivité : indifférence**

- **Hyperactivité : attachement**

- **Vertus essentielles responsables de l'équilibre : compassion (holocentrique[12]) + acceptation + gratitude + humilité et douceur**

- **Sentiments propres à l'ego responsables du déséquilibre : égoïsme, indifférence et cruauté (égocentrisme) + inacceptation + ingratitude + orgueil et rébellion**

Le **quatrième chakra** a comme **fonction** l'amour. Son équilibre repose sur les sentiments d'**autoamour** et de **compassion**, qui activent les énergies provenant du Créateur de la vie, captées par tout l'organisme et canalisées vers le chakra cardiaque, lui-même relié à la transcendance.

L'exercice de l'autoamour produit l'amour inconditionnel, essentiel dans l'exercice de l'amour du prochain, pour que

---

12 Note du directeur de publication : Nous avons créé le néologisme « **holocentrisme** » à partir du mot grec *holos* qui signifie « entier, complet ». Une personne **holocentrée** est celle qui fait l'exercice de s'aimer elle-même et aussi son prochain comme elle-même, et elle s'efforce de faire aux autres ce qu'elle aimerait que les autres lui fassent. C'est un mouvement holocentré qui transmutera l'égocentrisme.

l'individu dirige sa vie adéquatement en canalisant de façon altruiste, pour lui-même et pour les autres, les énergies qu'il reçoit.

Les leçons d'amour sont parmi les leçons les plus importantes que nous sommes invités à assimiler et à exercer dans nos existences dans le monde physique. Le développement des sentiments de compassion et d'empathie est fondamental pour permettre l'ouverture du chakra cardiaque et une forme plus élevée de conscience.

Lorsque la circulation des énergies dans ce chakra est inhibée par l'**hypoactivité**, l'individu manifeste l'**indifférence** et maintient une attitude égoïste, en se préoccupant seulement de lui-même, en cherchant son bien-être au détriment des autres, et en oubliant qu'en vérité, il n'est pas possible d'être bien en causant du mal aux autres ou en leur étant indifférent.

L'indifférence crée une carence affective, car pour recevoir de l'amour, il faut d'abord donner de l'amour. À un degré extrême, l'indifférence s'associe à la pulsion suicidaire et renforce l'inhibition de la capacité de donner et de recevoir l'amour.

Lorsque ce chakra est congestionné par l'**hyperactivité**, un attachement se crée : l'individu agit de façon possessive, étouffant et emprisonnant l'être qu'il dit aimer et dont il devient dépendant.

Ce type d'amour est propre aux personnes inquiètes, et il existe à tous les niveaux de relation amoureuse. En réalité, c'est un amour maladif, qui suscite un malaise, autant chez la personne qui aime que pour celle qui est « aimée ». En fait, nous savons que le véritable amour libère et qu'il est inconditionnel.

Le sentiment essentiel responsable directement de l'équilibre du quatrième chakra est la **compassion**, qui soutient le développement de l'holocentrisme.

Le mot grec *holos* signifie *tout*. Une personne holocentrée est celle qui est centrée sur le tout, par rapport à elle et aux autres.

L'holocentrisme est incontournable pour l'équilibre de l'énergie des chakras et, en conséquence, pour l'équilibre de la santé spirituelle. La compassion ne peut se développer que lorsque nous canalisons toute l'énergie mentale de façon holocentrée, dans nos pensées et dans nos sentiments.

Si la personne cultive l'**égocentrisme** au lieu de l'holocentrisme, elle se centre sur elle-même de façon négative, sans se préoccuper du bien-être des autres, agissant avec indifférence ou même avec cruauté, en étant un instrument de souffrance pour les autres. Lorsqu'on est attaché à un amour maladif, dans une attitude pseudo-amoureuse, on continue à être centré sur l'ego, en disant qu'on aime, mais en réalité on étouffe et on asservit l'autre avec un prétendu amour qui n'est rien d'autre qu'un sentiment égoïste.

Cinquième chakra (gorge) : Connaissance

- **Hypoactivité : dissimulation et mépris de la connaissance**
- **Hyperactivité : abus de la connaissance**
- **Vertus essentielles responsables de l'équilibre : compréhension de la vérité + compassion + acceptation + gratitude + humilité et douceur**
- **Sentiments propres à l'ego responsables du déséquilibre : incompréhension + égoïsme, indifférence et cruauté + inacceptation + ingratitude + orgueil et rébellion**

Le **cinquième chakra** a comme **fonction** la **connaissance**, et est fondamental dans la conquête de la sagesse. Il a aussi comme fonction la communication et l'exercice de la volonté, qui sont intimement liés au processus de la connaissance. C'est par la communication que s'acquiert et se partage la connaissance.

L'exercice de la volonté est une conséquence directe de la connaissance de soi. Plus la personne approfondit la connaissance d'elle-même et qu'elle perçoit ses difficultés intérieures, plus elle augmente sa volonté d'autocontrôle et d'autotransformation, afin de se libérer de ses difficultés et d'être heureuse.

La congestion de ce chakra par l'**hyperactivité** conduit à l'**abus de la connaissance**, dans le but d'exercer un pouvoir de coercition, qui est relié à l'omnipotence et à la prépotence suscitées par l'hyperactivité du troisième chakra.

La personne dans cet état agit de façon coercitive en cherchant à soumettre les autres à ses désirs. Elle utilise ses connaissances pour manipuler les autres ou pour nuire à ceux qui n'ont pas de connaissances ou qui ont une connaissance partielle.

À des degrés extrêmes, l'individu peut utiliser la connaissance pour asservir ou fanatiser les autres par ses idées, dans l'intention de faire prévaloir son pouvoir sur eux.

Lorsque ce chakra est inhibé par l'**hypoactivité**, la personne **dissimule** ou **méprise la connaissance**.

La dissimulation, qui renforce l'inhibition du chakra, se produit lorsque l'individu retient une information seulement pour lui, sans la partager avec les autres, que ce soit par insécurité ou dans un but de manipulation; la dissimulation. L'individu peut aussi communiquer l'information déformée.

Il y a aussi dissimulation quand la personne détient une connaissance sans l'appliquer dans sa vie. Cette situation est très commune, par exemple, dans le cas des personnes qui connaissent l'Évangile de Jésus, sans faire d'efforts pour utiliser ses enseignements chrétiens comme base de leur processus d'autoconnaissance et d'autotransformation. Il n'y a pas un plein effort pour exercer la connaissance des vérités spirituelles. Lorsqu'il y a un certain effort, il est trop faible pour que la personne ressente ces vérités et qu'elle les vive pleinement.

Le mépris, selon le sens propre à ce mot, se produit quand la personne ignore les occasions d'acquérir la connaissance ou n'applique pas la connaissance obtenue.

Ceci est très courant dans le domaine spirituel. De nos jours, des informations de toutes sortes sont disponibles, que ce soit dans le domaine scientifique ou religieux, mais plusieurs fuient la possibilité d'obtenir la connaissance, par peur de devoir s'engager dans un nouveau mode de vie. Elles croient qu'en ne possédant pas d'information sur un mode de vie plus spirituelle, elles pourront maintenir une existence matérialiste, sans grandes conséquences.

Ce mépris de la connaissance spirituelle amène également l'individu à se distancier de la connaissance de soi, par peur de ce qu'il trouverait dans son monde intérieur. Il y a en nous une peur très grande de rencontrer, par exemple, des sentiments négatifs propres à l'ego qui seraient masqués, de façon consciente ou subconsciente. Mais l'être ne peut se fuir lui-même.

Le mouvement psychologique de mépris de la connaissance spirituelle et de la connaissance de soi génère de graves conséquences pour l'individu, car il affaiblit la volonté de ce dernier, le rendant superficiel, et il bloque les occasions valables pour son évolution.

Le sentiment responsable de l'équilibre du chakra de la connaissance est celui qui comporte la **compréhension de la vérité**. Pour comprendre la vérité, il est fondamental de méditer sur elle, afin de pouvoir la ressentir dans le cœur et l'expérimenter, en l'utilisant comme un instrument de changement pour le mieux et en nous transformant progressivement en personnes plus conscientes.

La compréhension de la vérité résulte de l'exercice de

l'autoconscience. Lorsque la personne demeure dans des processus subconscients et valorise les questions propres à l'ego, au détriment des questions essentielles, elle entre dans un processus d'incompréhension et se refuse à être un apprenti de la Vie, comme nous l'avons vu dans l'analyse du premier chakra.

Sixième chakra (frontal) : Inspiration et intuition
- **Hypoactivité : scepticisme**
- **Hyperactivité : mysticisme**
- **Vertus essentielles responsables de l'équilibre : discernement + compréhension + compassion + acceptation + gratitude + humilité et douceur**
- **Sentiments propres à l'ego responsables du déséquilibre : non-discernement + incompréhension + égoïsme, indifférence et cruauté + inacceptation + ingratitude + orgueil et rébellion**

Le **sixième chakra**, lorsqu'équilibré, a comme fonction l'inspiration et l'intuition.

Dans le processus d'évolution de l'être humain, l'Essentiel suit un mouvement naturel pour devenir perceptible au niveau conscient, car c'est la manifestation de Dieu en nous. La Providence Divine nous a dotés de cette capacité intimement reliée aux trois derniers chakras, particulièrement au sixième et au septième.

C'est par le sixième chakra que nous pouvons devenir conscients des influx énergétiques provenant de l'Être Essentiel, qui nous invite à développer notre spiritualité, et nous recevons pour cela des conseils subtils de nos guides spirituels, Anges gardiens et Esprits protecteurs, au moyen de l'inspiration et de l'intuition.

Les intuitions sont des ressources précieuses pour surmonter nos limites, et il est donc fondamental d'ouvrir les canaux de perception du sixième chakra.

Lorsqu'il est congestionné par **l'hyperactivité**, ce chakra conduit au mysticisme, état dans lequel l'individu croit être orienté tout le temps par des êtres spirituels supérieurs, qui dirigent sa vie, comme des nounous d'enfants irresponsables. Il y a aussi ceux qui se croient investis de grandes missions spirituelles, sous l'illusion que les « forces cosmiques » les inspirent pour les réaliser.

Nombreux sont ceux qui abdiquent leurs propres choix spirituels par excès de crédulité et qui s'engagent dans une pratique mystique.

Lorsque ce chakra est inhibé par l'**hypoactivité**, on observe le **scepticisme** et le mépris des intuitions et des inspirations. L'individu adopte une vision matérialiste de la vie, ne s'accepte pas comme être spirituel ni n'accepte l'existence des êtres spirituels dans d'autres sphères de la vie.

Cette croyance provoque un blocage du sixième chakra, car la personne n'admet pas la possibilité d'accéder à des ressources intérieures au niveau de l'Être Essentiel, qu'elle nie systématiquement. Ce faisant, elle bloque toute aide spirituelle supérieure provenant de l'inspiration, qui pourrait l'aider à résoudre ses problèmes.

Malgré cela, elle est susceptible de recevoir des intuitions et des inspirations inférieures d'Esprits matérialistes, qui profitent de la fixation de la personne au niveau des trois premiers chakras pour mieux utiliser celle-ci.

La vertu essentielle responsable de l'équilibre est le **discernement**, qui est nécessaire pour que les manifestations spirituelles soient analysées selon le bon sens, avec une logique rationnelle et une logique émotionnelle, afin que l'individu puisse choisir ce qui est véritable et rejeter ce qui est trompeur.

La personne pourra connaître la vérité et la comprendre

en pratiquant la discipline, afin de **discerner** si ce qui lui a été inspiré est cohérent avec la réalité de la vie. Si ce n'est pas cohérent, elle saura ainsi que ça ne provient pas d'un bon Esprit.

En réalisant nos réflexions avec discernement, nous pouvons nous affranchir autant du scepticisme que, surtout, du mysticisme créateur de processus de fascination spirituelle, les deux étant produits précisément par le **non-discernement**.

La personne qui cultive le sentiment propre à l'ego de la paresse intellectuelle, en évitant d'analyser avec discernement ce qui lui est transmis par intuition, sera une cible aisée pour les processus de mystification, ou elle tombera dans le scepticisme. S'accommodant de la situation, elle ne cherchera pas à se spiritualiser, car elle sait que tout processus dirigé vers l'évolution intellectuelle et morale demande un effort continu, de la patience et de la persévérance.

Septième chakra (coronaire) : Transcendance

- **Hypoactivité : mépris des fonctions psychiques**

- **Hyperactivité : abus des fonctions psychiques**

- **Vertus essentielles responsables de l'équilibre : soumission + discernement + compréhension + compassion + acceptation + gratitude + humilité et douceur**

- **Sentiments propres à l'ego responsables du déséquilibre : résistance + non-discernement + incompréhension + égoïsme, indifférence et cruauté + inacceptation + ingratitude + orgueil et rébellion**

Le **septième chakra** a comme **fonction** la **transcendance**. Il est relié à la recherche spirituelle et à notre lien direct avec la dimension spirituelle de la Vie et avec Dieu. Ce lien est activé lorsque la personne cherche consciemment à développer sa religiosité et sa spiritualité, en harmonie avec ses valeurs essentielles.

Cette recherche permet à la personne d'exercer sa perception des états élevés de conscience, ce qui amplifie sa capacité de spiritualisation et d'évolution.

Ce chakra est relié au corps physique par la glande pinéale et permet la pratique de la médiumnité équilibrée avec Jésus, dans laquelle l'intermédiaire se place dans un état élevé de conscience, afin d'amplifier ses fonctions psychiques pour mieux servir.

Lorsque ce chakra est congestionné par l'**hyperactivité**, on observe l'**abus des fonctions psychiques d'interaction avec la vie spirituelle**. C'est le cas, par exemple, de l'utilisation des capacités médiumniques pour faire le mal à d'autres personnes et pour obtenir un bénéfice personnel. Au lieu de rechercher un état de conscience élevé pour faire le bien, le médium offre alors ses ressources médiumniques à des Esprits encore endurcis au mal, en leur permettant d'agir et de provoquer des dommages à d'autres personnes.

En fait, en participant à cela, autant les incarnés que les désincarnés se font du mal à eux-mêmes, car il n'est pas possible d'utiliser ainsi le septième chakra sans créer de graves dommages au corps fluidique. Ces personnes génèrent, dans cette incarnation et les prochaines, de grandes perturbations psychotiques, difficiles à résorber.

La **non-utilisation des fonctions psychiques d'interaction avec la vie spirituelle** inhibe ces énergies, laissant le chakra en **hypoactivité**. Ceci découle de la vision matérialiste de la vie et de l'inacceptation de l'existence de l'Esprit.

L'inhibition survient également lorsque la personne perçoit qu'elle a un potentiel médiumnique, mais par peur de la transcendance et de l'inconnu, elle bloque les fonctions psychiques du septième chakra.

Une autre forme d'inhibition très courante découle du

mépris des manifestations spirituelles, car elles demandent un effort personnel continu d'exercice de l'amour, afin que l'individu puisse maintenir l'équilibre de ses fonctions psychiques.

La vertu essentielle intimement reliée au septième chakra est la **soumission**. Nous observons que le septième chakra a un lien particulier avec le premier, celui de la sécurité, résultant de l'autoconfiance et de la confiance en Dieu et en la Vie. Une personne ne se soumet véritablement dans le processus médiumnique que si elle a cette sécurité. Lorsque ceci se produit, le flux d'énergie monte du premier chakra jusqu'au septième et redescend jusqu'au premier, dans un mouvement favorisant l'équilibre.

Au contraire, lorsque, par insécurité, par peur de l'inconnu, par manque de confiance en Dieu ou parce qu'elle ne veut pas assumer les responsabilités de la médiumnité avec Jésus, la personne cultive le sentiment de résistance propre à l'ego au lieu de la soumission, elle bloque ses fonctions psychiques et provoque de graves répercussions spirituelles pour elle-même.

Conclusion sur les chakras, leurs fonctions morales et les vertus qui les équilibrent

Comme nous l'avons dit précédemment, cette distinction est uniquement didactique, car les chakras sont intimement reliés les uns aux autres. Toute altération de l'un d'entre eux se répercute plus ou moins intensément sur les autres. Il est également certain que, suivant la fonction psychique altérée, les manifestations des symptômes apparaîtront plus dans un chakra et moins dans un autre.

Voici quelques exemples de ces symptômes : une sensation de nœud ou de boule dans la gorge dénote une altération du chakra de la connaissance; une sensation de vide, de creux ou de trou dans la poitrine ou de pression sur le cœur indique une altération du chakra de l'amour; les mêmes symptômes au niveau de l'estomac indiquent une altération du chakra du pouvoir; un poids dans le bas-ventre, du chakra du plaisir ou de la sécurité; une pression dans la tête, du sixième et du septième chakras.

Les symptômes sont variés, et chacun a sa particularité. Tous manifestent une altération dans le chakra correspondant, qui peut devenir protubérant, inhibé, lénifié ou désaligné, selon la position anatomique de la manifestation du symptôme.

Le déséquilibre survient généralement davantage dans la polarité d'hyperactivité ou d'hypoactivité, mais il peut alterner entre les deux polarités, comme le pendule d'une horloge, particulièrement dans le cas des trois chakras de base.

Les trois premiers centres de force (sécurité, plaisir et pouvoir), localisés sous le diaphragme, forment une triade physiologique où prédominent les fonctions organiques responsables du maintien de la vie dans le corps physique et de l'affirmation de l'Esprit incarné dans le monde.

Les trois centres les plus élevés (connaissance, intuition et transcendance) forment une triade spirituelle supérieure. Dans ces chakras prédominent les fonctions responsables de l'élévation de l'Esprit incarné et de sa connexion avec la vie supérieure.

Plus l'Esprit est évolué, moins il aura d'énergie matérialisée dans les trois premiers chakras et plus d'énergie sera canalisée vers les trois derniers chakras, même durant son incarnation dans le corps physique.

Le quatrième chakra, celui de l'amour, est le pont entre la triade physiologique et la triade spirituelle supérieure. Il active les énergies des autres chakras, qui ont besoin de l'amour qu'il diffuse pour conserver leur équilibre.

Nous voyons ainsi que les déséquilibres des autres chakras se produisent en raison de l'absence d'amour. L'énergie de la sécurité sans amour produit l'insécurité et la témérité; le plaisir sans amour génère le sensualisme ou le puritanisme; le pouvoir sans amour donne l'omnipotence, la prépotence et l'impuissance; la connaissance sans amour produit l'abus, la dissimulation et la non-utilisation du savoir; l'intuition sans amour suscite le mysticisme ou le scepticisme; et la transcendance sans amour rend possibles les aberrations médianimiques et le blocage des facultés sublimes.

L'amour est en même temps l'élément déclencheur et catalyseur des énergies. Il permet le fonctionnement équilibré des chakras et, en conséquence, de tout l'organisme physique.

Les objectifs principaux du chakra cardiaque sont l'amour inconditionnel, la compassion et la manifestation active de la conscience chrétienne.

Lorsque nous apprenons à développer et à manifester les aspects spirituels supérieurs du chakra du cœur, et ce, grâce aux énergies douces et harmonisantes provenant de Dieu, qui sont captées par le septième chakra et distribuées généreusement par le chakra de l'amour, alors il devient possible de chercher à transmuter nos pensées et sentiments négatifs, en s'acceptant comme apprentis de la Vie.

En étant en contact avec l'amour, nous transcendons les énergies purement physiologiques des trois premiers chakras, et nous les utilisons pour notre croissance spirituelle, par l'acquisition de la connaissance de soi et de la connaissance de la Vérité universelle, par l'amélioration de l'inspiration et de la transcendance et par notre interaction avec le monde supérieur. C'est pour cela que nous réincarnons, car l'objectif de la vie est le développement des énergies du quatrième chakra – en un mot, l'amour.

C'est seulement par le développement de l'amour et de la compassion que l'on peut harmoniser le quatrième chakra et que l'on aura les ressources pour transcender toute partie d'énergie associée au sexualisme, généré par l'abus des énergies du deuxième chakra, celui du plaisir.

Le grand objectif de notre réincarnation est de développer les valeurs humaines dans un processus holocentré, dans lequel nous n'utiliserons jamais un autre être humain comme s'il était un objet destiné à nous procurer du plaisir, mais où nous ferons toujours aux autres ce que nous aimerions que les autres nous fassent.

6

Témoignages d'Esprits ayant échoué en raison de vices sexuels

D ans ce chapitre, nous relaterons les témoignages de divers Esprits qui n'ont pas travaillé leur sexualité en syntonie avec les Lois Divines. Au lieu d'agir avec amour, justice et charité, ils ont agi avec désamour, injustice et manque de charité avec eux-mêmes et avec leur prochain, qu'ils considéraient comme un objet de satisfaction sexuelle. Ils ont tous été acheminés vers nous par les guides du *Projet Espiritizar* pour offrir leur témoignage pour cette publication. La rencontre avec certains d'entre eux, qui étaient encore à demi abrutis par les conséquences de leurs actes, a servi à la fois à recueillir leur témoignage et à leur fournir l'aide de la psychothérapie spirituelle réalisée au nom de la charité, dans les réunions médiumniques tenues les lundis soir, au siège de la Fédération spirite de l'État du Mato Grosso[13].

---

13 À la fin des réunions faites pour recueillir les messages psychophoniques qui composent ce livre, un des guides présents faisait une prière de remerciements. Trois de ces prières sont présentées en annexe.

Pour la plupart, ils se sont repentis et espèrent que la Loi de Miséricorde leur accordera le recommencement auquel tous les enfants de Dieu ont droit. Ils méritent tous notre respect, notre compassion et nos prières pour se renforcer dans leurs intentions de rétablissement.

Témoignage de Bueno Costa

(Le 7 janvier 2014, nous avons reçu le témoignage d'un ex-prêtre catholique, qui a pris le chemin de la pédophilie durant son séjour sur Terre, mais, s'étant repenti, il cherche à travailler pour sa rénovation.)

« Connaissez-vous bien l'ombre d'une âme? Savez-vous tout ce qui existe en elle? Il y a des crimes qu'on préfère taire ni même confesser avant de mourir, et que je viens avouer après les affres de la mort et de la souffrance. Je suis donc ici!

« La robe de religieux m'ayant donné une fonction, j'aurais dû protéger, soutenir et préserver l'innocence de centaines d'enfants, mais les drames d'une âme égoïste, hypocrite et fausse ne peuvent se dénouer rapidement.

« Il fallait que les douleurs cruciales de la souffrance, triste et pénible, retournées dans la fange par les mains de bourreaux plus vils que moi, m'encouragent à demander de l'aide et du soutien, qui ne m'ont pas manqué.

« J'ai été un prêtre dans ma dernière existence. Les pouvoirs cléricaux et la constitution politique de l'Église m'ont permis de m'approcher de mes victimes, les enfants, sans être vus par les regards de ceux m'entourant.

« Oui, je suis un criminel pédophile, et mon déséquilibre et ma folie ont été au cœur des pires jours de ma vie, parce que j'ai immensément oublié de protéger et d'aimer les petits comme

Jésus me l'avait demandé dans les premières lignes de Son Évangile. Moi qui avais demandé d'entrer dans l'ordre sacerdotal, j'ai été rattrapé par les griffes obscures et ténébreuses de mon passé que je n'ai pas réussi à comprendre, un passé qui me terrifiait dès les premières années de mon adolescence. Je suis réincarné avec l'objectif de protéger et de soutenir et, en même temps, de réparer les graves erreurs que j'avais commises.

« J'ai eu des parents très sérieux, qui m'ont inculqué la discipline très jeune, mais la culture inflexible et fermée de cette époque sans dialogue m'emprisonna dans les peurs et les angoisses occultes.

« J'ai commencé à voir l'Église comme véritablement castratrice et mauvaise dans tout ce qu'elle disait, et je ne me suis pas rendu compte que mes insanités nécessitaient un dialogue, des éclaircissements, une recherche, de l'aide; je n'ai accordé aucune importance à tout cela.

« Des frères très sérieux m'avaient averti au sujet de mes insanités et des risques d'entrer dans un puits sans fond. Faible, le mental d'un pédophile ne croit pas être malade, il croit que tout ce qu'il voit est à peine une légère intention, une idée acceptable, mais cela augmente au fur et à mesure que le libertinage permet de nouvelles actions ignobles, des actions impossibles à confesser, qui s'aggravent progressivement.

« Oh! Esprits qui communiez encore avec les expériences du corps et percevez les déséquilibres terribles dans vos comportements sexuels, ne croyez pas que la carrière d'un pédophile dangereux comme moi commence du jour au lendemain. Ce sont d'abord les petites débauches, les petits gestes osés et des choses semblables, acceptables dans l'état de déséquilibre sexuel qui caractérise notre société, qui amènent l'Esprit à se compromettre dans des actes beaucoup plus graves. Les actes commis deviennent pratiquement irrémédiables, si ce n'était de l'immortalité qui m'accorde aujourd'hui la véritable miséricorde et le soulagement de savoir que je pourrai réincarner dans une situation très douloureuse, mais pleinement nécessaire à ma réparation.

« Je n'ai pas l'intention de donner des leçons de morale ni des sermons qui ne paraîtraient évidemment pas vrais dans ma bouche. Je ne veux que dire clairement qu'aucun comportement, aussi terrible soit-il, ne sera condamné éternellement au feu de la culpabilité, mais, surtout, c'est par des petits gestes et des permissions d'un mental malsain, des regards, des touchers et des étreintes gênantes qu'un mental sexuellement déséquilibré s'autorise à avancer un peu plus à chaque fois dans ses intentions terribles.

« Je lance mon cri pour obtenir le pardon et la miséricorde de Dieu et de tous ceux que j'ai blessés et à qui j'ai fait du mal, et aussi de ceux à qui je ne peux même pas demander pardon tellement fut grande la destruction que j'ai causée. Mais je confesse avec l'âme ouverte qu'il y a des réincarnations avec des difformités, et l'idiotie est exactement le paradis que je mérite, car tout ce que j'ai fait fut un véritable enfer dans la vie des âmes qui cherchaient Dieu par mon intermédiaire et qui n'ont trouvé que le serviteur de la méchanceté. »

Bueno Costa

Témoignage de Thiago, l'enfant qui n'a pas vécu

(*Le 19 juin 2014, nous avons reçu le témoignage d'un Esprit qui s'est appelé Thiago, l'enfant qui n'a pas vécu, parce qu'il a été victime de viol par un pédophile. Il a raconté le drame qu'il a vécu et les causes spirituelles pour lesquelles il a attiré, en vertu de la Loi d'Attraction, un pédophile qui l'a assassiné.)*

« Avec notre vision humaine limitée, dans le cas du crime de pédophilie commis contre des bébés, les personnes émettent des énergies mentales de révolte et de haine contre leur frère déséquilibré qui a pratiqué cet acte brutal et indigne ayant entraîné la désincarnation du bébé. Cela contribue à augmenter davantage leurs propres vices.

« En fait, il est un être digne de compassion, car c'est un enfant de Dieu en plein déséquilibre. S'il ne reçoit pas la compassion des autres pour les actes de déséquilibre qu'il a commis, sa rénovation sera beaucoup plus douloureuse.

« Pourquoi ai-je été victime d'un acte si brutal alors que j'étais encore un bébé? Il y a une raison à cela. L'être humain devrait réfléchir sur les causes. La victime d'aujourd'hui n'est pas victime, car la justice de Dieu ne permettrait pas cela. Qui a été cet être autrefois? Qu'a-t-il fait? Qu'est-ce qui l'a amené à accepter une obligation aussi sérieuse qui l'a laissé sans la possibilité de poursuivre sa réincarnation?

« Je vais vous raconter mon histoire pour que vous compreniez comment fonctionnent les Lois de Dieu[14].

« Il y a plusieurs siècles, j'ai tué plusieurs enfants en commettant cet acte indigne, comme conséquence d'avoir moi-même été victime de pédophilie dans une réincarnation précédente. Lorsque je suis arrivé au plan spirituel, mon unique désir était de me venger de mes bourreaux. Mes Bienfaiteurs travaillaient sans relâche, en me disant que je n'étais pas une victime innocente, afin

---

14 Note du directeur de publication : Dans cette histoire, nous voyons concrètement l'effet de la Loi d'Attraction, agissant en syntonie avec la Loi de Justice et la Loi de Cause et Effet, conformément à ce que nous avons étudié aux questions 33, 34 et 47 du chapitre 2.

que je puisse pardonner et entrer en harmonie avec moi-même, mais je demeurais irréductible, jusqu'à ce que je me propose de renaître et de faire tous les efforts possibles pour pardonner l'acte subi. Mais, une fois dans le corps, quand la sexualité commença à se manifester, un désir subconscient de me venger s'éveilla en moi. Ma haine se dirigeait à l'endroit de tous les enfants, car, dans mon insanité, ils représentaient l'acte qu'on avait pratiqué sur moi.

« Ainsi, je me suis préparé en me disposant à aider des femmes en difficultés. J'ai commencé à pratiquer des accouchements de femmes qui ne désiraient pas garder leurs enfants. J'amenais ces enfants avec moi et je les agressais sexuellement en leur enlevant l'occasion de vivre qui leur était offerte.

« Par la suite, mon désir augmenta de façon déséquilibrée. Comme j'étais dans une région déserte, je capturais des enfants vivant avec leurs parents et je disparaissais avec eux. Personne ne les retrouvait, pas même leurs restes mortels. De folie en folie, j'ai accumulé un fleuve de victimes.

« Je suis mort violemment, car mes actions ont été découvertes par des voyageurs dans ces parages. Après plusieurs années de souffrance et d'angoisse, j'ai eu l'occasion d'être accueilli dans un foyer, dans lequel mes parents m'ont accepté pour une courte période.

« C'est là que s'est produite l'attraction, par le bourreau réincarné, d'un pédophile qui devait faire de moi une victime. J'ai subi un viol quand j'étais encore bébé, et j'en suis désincarné. Le bourreau du passé est maintenant une prétendue victime de la pédophilie.

« Je sais que certains ne peuvent pas imaginer ce que c'est qu'un bébé violé jusqu'à la mort.

« Je lance donc mon alerte à tous, afin que vous surveilliez l'émission de vos pensées et de vos sentiments de révolte. Ceux qui désincarnent dans cette situation ne sont pas privés de justice.

« Il est courant d'entendre des paroles valorisant la victimisation, comme : « Pauvre petit! Regardez ce qu'ils ont fait avec lui! », accompagnées de pensées et de sentiments de révolte et de haine envers le bourreau. Cette énergie mentale se rend le plus souvent jusqu'à nous et renforce, en raison de nos imperfections, le désir de continuer à nous venger, alors que seulement le pardon, c'est-à-dire l'autopardon et le pardon des autres, a une énergie capable de rééquilibrer nos énergies périspirituelles, de façon à nous permettre un nouveau processus évolutif sans répéter les mêmes erreurs. »

Psychothérapeute spirituel : « Comme vous étiez bébé, lorsque vous avez été violenté sexuellement, quelles ont été les répercussions spirituelles pour vous, car un bébé n'a pas conscience des actes de violence qui produisent la désincarnation? »

Esprit : « Lorsque l'Esprit se dirige vers ces épreuves, il est très conscient. Le processus d'oubli n'est pas complètement en place. Alors j'ai pu comprendre ce qui se passait dans ce processus, car je voyais ma possibilité de réincarnation être frustrée, et je me sentais, à ce moment-là, un peu allégé en raison des crimes que j'avais commis sur d'autres bébés.

« C'est un allègement de la conscience, car je savais que je ne passais pas par quelque chose d'injuste. Ceci m'a permis de m'endormir, et la douleur que tous imaginent que j'ai ressentie, je ne l'ai pas ressentie, grâce à la miséricorde divine. Mon détachement du corps fut doux, mais conscient. Telle est mon expérience. Mais, ma situation ne me permet pas de savoir comment est ce processus pour d'autres.

« Je vous remercie de m'avoir écouté. »
Thiago

Témoignage de João Carlos

(Le 20 janvier 2014, nous avons reçu le témoignage d'un Esprit qui s'est appelé João Carlos. Il a dit avoir participé au mouvement spirite, à titre de président d'un centre spirite. Malgré cela, en raison de ses dynamiques sexuelles déréglées, il pratiqua l'adultère régulièrement, en utilisant le centre spirite pour détourner les femmes qui cherchaient une aide fraternelle et pratiquer le sexe avec elles.)

Esprit : « Je me sens tellement abattu, tellement faible. »

Psychothérapeute spirituel : « Par rapport à quoi? »

Esprit : « J'ai été très machiste. Pour moi, l'homme doit toujours être plus fort et plus conscient que les femmes, et j'estimais que, quand un homme désirait qu'une femme se soumette à lui, c'était un privilège pour elle, étant donné qu'elle est un être inférieur. Le désir d'un homme pour elle serait la gloire.

« Aujourd'hui, je me rends compte à quel point c'était une erreur. Combien de femmes ai-je conduites à la prostitution parce que je trouvais qu'elles étaient faites pour assouvir les instincts sexuels des hommes. Je les vois dans le labyrinthe de la décadence morale, et je me sens responsable et faible de ne pas pouvoir les secourir ni leur venir en aide, en raison de ma maladie.

« Mon tourment ne s'est pas terminé avec ma jeunesse, pendant laquelle j'ai dirigé vers la prostitution plusieurs jeunes femmes qui attendaient et désiraient se marier avec moi. Je les ai utilisées et je les ai jetées! À cette époque-là, une jeune femme ne se mariait plus si elle avait déjà eu une relation sexuelle avec un autre homme, car elle était considérée comme dépravée, alors que les hommes qui la dépravaient étaient respectés.

« Mon tourment s'est poursuivi lorsque j'ai rencontré une jeune femme et que je me suis marié avec elle. Je croyais qu'en étant ma femme, elle satisferait tous mes souhaits et mes désirs. Avec cette croyance, j'ai transformé la chambre conjugale, un endroit qui devrait être sacré, car c'est là que se prépare l'arrivée des enfants, en un lieu de débauche pour mes vices sexuels.

« Je n'ai pas réussi à préparer les conditions adéquates pour l'arrivée de mes enfants, car j'ai créé dans notre propre chambre conjugale une ambiance qui les a influencés, comme le désir sans limites, découlant des vices sexuels vécus par eux dans le passé.

« Aujourd'hui, ils s'efforcent de freiner leurs vices, mais ils n'y parviennent pas, car, dès leur conception, leur venue dans ce monde s'est faite dans un environnement de vice. Ils ont vécu leur enfance dans cet environnement et, même s'ils ne savaient rien de cela consciemment, l'énergie sexuelle viciée pénétrait tout le foyer familial.

« Tout ceci s'est produit, car j'ai été aussi responsable d'éveiller chez ma compagne des désirs reprochables, des vices qui se poursuivent encore aujourd'hui, malgré le vieillissement du corps. Elle, qui devrait profiter du mariage pour pratiquer une sexualité digne et être ainsi le soutien énergétique du foyer pour accueillir les enfants, s'est aussi viciée, en réactivant des dynamiques du passé à corriger par un mariage monogame digne.

« Elle est encore incarnée, à un âge avancé. Elle recherche le plaisir la nuit, pour que personne ne la voie, en payant ceux qui se vendent pour satisfaire ses désirs. Je suis responsable de tout cela parce que je l'ai initiée dans ces vices.

« Je vois celle qui fut ma femme sur la Terre être malade et je ne réussis pas à l'aider. Ce qui est plus grave dans tout cela est que je fus un dirigeant d'un centre spirite respecté. Personne ne voyait ce que je faisais, car, même en étant marié, je commettais l'adultère en ayant des relations sexuelles avec d'autres femmes et en les viciant.

« J'ai fait cela avec quelques femmes fréquentant le centre pour y trouver un soutien, car elles étaient malades dans leur sexualité. Je les ai accueillies et je les ai utilisées pour le sexe, les rendant ainsi plus malades, jusqu'au moment où, par sursaut de miséricorde, mon existence fut interrompue. Un grand bouleversement se préparait dans le mouvement spirite, car quelques-unes des femmes accueillies et utilisées par moi devenaient gravement malades, tombant dans la folie. J'ai contracté une maladie qui m'a amené très rapidement à la désincarnation.

« Je souffre! Je sais que je serai invité par la Loi Divine à m'aider à me rééquilibrer afin qu'un jour, si Dieu le permet, je puisse aider ma femme et toutes les autres qui sont entrées dans la prostitution à cause de moi.

« Je veux laisser cet avertissement aux hommes qui, comme moi, croient avoir la liberté de se satisfaire en utilisant les femmes comme des objets. Réveillez-vous pendant qu'il est temps, car vos actions vous conduisent à la décadence morale, ainsi qu'à celle de votre conjointe, qui a pris des engagements afin d'assurer la descendance du couple et d'appuyer les enfants qu'il reçoit.

« Est-ce que nous désirons pour eux une ambiance pernicieuse, imprégnée d'énergie sexuelle déséquilibrée? Certainement pas! Nous voulons un foyer qui est un sanctuaire afin que les Esprits qui seront nos enfants puissent recevoir toute l'énergie harmonisante afin de ne pas retourner au plan spirituel à l'état de malades sexuels, comme ils l'ont déjà été.

« Ce n'est pas parce que nous sommes entourés de quatre murs que tout est acceptable. Réveillez-vous pour ne pas arriver ici comme des lépreux pareils à moi, profondément malades. C'est la demande que je vous fais.

« Je devrai avoir une incarnation, si possible sur la Terre, sans aucune activité sexuelle afin de m'équilibrer et d'accueillir près de moi ces femmes que j'ai maltraitées.

« Tous les Esprits qui pourront m'aider dans cette entreprise, même si c'est une incarnation très brève, ont ma gratitude. Je ressens le besoin d'équilibre et de sublimation de ces énergies qui sont aujourd'hui malades en moi.

« Je vous remercie, je vous remercie. »

João Carlos

Témoignage de Maria Helena

(Le 6 janvier 2014, nous avons reçu la communication d'une jeune qui s'était suicidée dans sa plus récente incarnation. Dans cette communication douloureuse, Maria Helena racontait son drame, qui concernait la séduction découlant des vices sexuels en elle et qui culminait par le suicide.)

Maria Helena : « Aïe, Seigneur, aïe mon estomac, aïe, aïe... (nombreux soupirs) »

Psychothérapeute spirituel : « Essaie de te calmer. Tu reçois de l'aide. Tranquillise-toi. Qu'est-ce qui t'est arrivé? »

Maria Helena : « Pourquoi? Où suis-je? »

Psychothérapeute spirituel : « Tu es dans une réunion médiumnique dans un centre spirite. »

Maria Helena : « Mon Dieu! »

Psychothérapeute spirituel : « Tu as déjà laissé ton corps physique, tu es désincarnée. »

Maria Helena : « Je suis dans un groupe médiumnique. (pleurs abondants) »

Psychothérapeute spirituel : « Que t'est-il arrivé? »

Maria Helena : « J'ai été spirite. (pleurs abondants) »

Psychothérapeute spirituel : « Tu as été spirite. Essaie de te calmer, tu reçois l'aide de bons Esprits. Veux-tu parler un peu de toi? Nous t'écouterons affectueusement. Je pense que ça va te faire du bien. Aimerais-tu cela? »

Maria Helena : « Je vais essayer. »

Psychothérapeute spirituel : « Très bien, essaie de te calmer. Si ça te fait du bien, nous allons t'écouter. Tu as été spirite? »

Maria Helena : « Oui, ma famille était spirite. Mon nom est Maria Helena. »

Psychothérapeute spirituel : « D'accord, Maria Helena, continue. »

Maria Helena : « Oh, Dieu! J'ai commencé à dévier du chemin. J'ai pris plaisir à utiliser la sensualité pour conquérir et détourner ceux qui étaient dans le chemin de la Doctrine. Après les avoir détournés, je les abandonnais. Oh! Mon Dieu! »

Psychothérapeute spirituel : « D'accord, tu utilisais ta sensualité pour détourner les hommes. »

Maria Helena : « Alors je suis devenue malade. »

Psychothérapeute spirituel : « Tu es devenue malade? Hum! »

Maria Helena : « J'ai attrapé la syphilis. J'avais horreur de moi-même et, au fond du désespoir, j'ai pris du poison. J'ai été amenée par un groupe d'Esprits. »

Psychothérapeute spirituel : « À quel endroit as-tu été amenée par un groupe d'Esprits? »

Maria Helena : « Dans un endroit de souffrance terrible qui a empiré ce que je ressentais déjà. Oh! Mon Dieu! Je n'ai pas encore payé même pour un tiers de ce que j'ai fait! Et maintenant, je ne sais pas comment sortir de cet endroit et je suis ici dans une réunion médiumnique. Mon Dieu, merci! (pleurs abondants) »

Psychothérapeute spirituel : « Maria Helena, ce sont les bénédictions de la miséricorde divine! Des Esprits généreux et amis t'ont amenée ici. Nous ne sommes jamais seuls, n'est-ce pas vrai?! Et comment a été ton réveil dans le monde spirituel? »

Maria Helena : « Mon Dieu! Je n'aime pas me souvenir de ça, les vers, le poison, la douleur, c'est horrible! La culpabilité, je n'ai pas la possibilité de dire que je ne savais pas. J'étais instruite, j'ai été évangélisée. »

Psychothérapeute spirituel : « Je comprends. »

Maria Helena : « La culpabilité est énorme, car j'ai grandi en connaissant la conscience morale et j'ai tout trahi. »

Psychothérapeute spirituel : « Tes parents étaient-ils affectueux et gentils avec toi? T'ont-ils enseigné la Doctrine? »

Maria Helena : « Ils l'étaient. Mon Dieu, pardonne-moi un jour! Je n'y parviens pas. »

Psychothérapeute spirituel : « Dieu ne s'offense pas de ce que nous faisons et Il nous donne la possibilité de nous pardonner. Tu es invitée par la Vie à te pardonner. Qu'en penses-tu, Maria Helena? »

Maria Helena : « Comment puis-je me pardonner avec tout ce que j'ai fait? Aux autres? À mes parents? À moi-même? Père, aie pitié de moi! »

Psychothérapeute spirituel : « Dieu, par l'effet de la Loi de Liberté, nous permet de faire des choix, incluant des erreurs. C'est ce que tu as fait. Maintenant, la Vie t'invite à te responsabiliser de ce que tu as fait, car la Loi de Liberté est en pleine syntonie avec la Loi de Responsabilité. Tu es dans un moment de responsabilité et de construction d'un nouveau chemin. »

Maria Helena : « Oui. (plus calme) »

Psychothérapeute spirituel : « Alors c'est le moment d'assumer la responsabilité de ce que tu as fait et de saisir l'occasion de surmonter ce que tu as fait. Tes parents sont déjà désincarnés? »

Maria Helena : « Je ne sais pas, ils doivent être désincarnés. Ça fait si longtemps! Ça fait si longtemps! Je ne sais pas, je n'ai jamais eu de nouvelles d'eux. »

Psychothérapeute spirituel : « Est-ce que ce sont ces deux-là qui sont ici devant toi? »

Maria Helena : « Non, je ne veux pas les voir. Je suis gênée! »

Psychothérapeute spirituel : « Si c'était toi qui étais à leur place, est-ce que tu serais gênée de ta fille? »

Maria Helena : « Ils ont beaucoup souffert. »

Psychothérapeute spirituel : « C'est parce qu'ils sont généreux qu'ils sont ici. »

Maria Helena : « Oh! Mon Dieu! Aie pitié de moi! »

Psychothérapeute spirituel : « Dieu a eu tellement pitié, qu'il t'a accueillie. Regarde ta mère! Observe sa tendresse avec toi. Regarde ton père! Les vois-tu? Ils attendaient ce moment. Ils ont prié Jésus et la Très Sainte Mère de pouvoir t'offrir ce moment. »

Maria Helena : « Pardonnez, pardonnez-moi! (pleurs) »

Psychothérapeute spirituel : « Nous allons prier pour toi. Reçois notre gratitude pour nous avoir offert ce témoignage de ta vie. Emporte avec toi notre affection, notre tendresse. Va en paix et que Jésus te bénisse! »

. . . . .

(Le 10 mars 2014, nous avons eu la réjouissante surprise du retour de Maria Helena pour raconter, avec plus de détails, son drame. Lisons son témoignage avec beaucoup de compassion et envoyons-lui nos prières afin qu'elle puisse se remettre face à sa conscience.)

« Que Jésus bénisse toujours tous ceux qui composent cette assemblée!

« Je m'appelle Maria Helena. Je reviens ici, après avoir été accueillie dans cette réunion bénie, pour raconter à quel point l'orgueil et la vanité peuvent détruire toute une incarnation, prudemment planifiée dans le monde spirituel.

« Je suis née dans une famille spirite avec l'engagement de travailler avec ma médiumnité, lorsque le bon moment viendrait, pour aider nos frères à accéder à la porte bénie du réconfort.

« Mes parents étaient des spirites convaincus, et ils m'ont élevé dans une harmonie familiale avec amour, en m'éduquant dans les principes chrétiens-spirites, de façon à ce que j'aie toutes les connaissances nécessaires pour faire des choix conformes à la Moisson Bénie du Maître Jésus.

« Mais, à l'adolescence, j'ai commencé à percevoir la grande beauté physique de mon corps. J'étais une femme très belle, et j'ai aussi perçu l'effet que cette beauté produisait sur les hommes et le pouvoir que cela me donnait.

« Très jeune, autour de 15 ans, je maîtrisais déjà quelques techniques de séduction dont je me servais lorsque je voulais obtenir quelque chose.

« Ne pensez pas que les choses ont commencé subitement. Non, le premier pas vers l'abîme est presque imperceptible! Nous ne nous en apercevons pas, surtout lorsque nous avons la conscience voilée par une immense vanité. Dans mon cas, la beauté physique était mon épreuve. Mais pour d'autres, la vanité pourra être différente.

« Et, j'ai continué de la même façon, petit à petit. Puis, j'ai vu que je suscitais l'intérêt d'un ami de mon père et président d'un centre spirite, responsable de la réunion médiumnique. Il avait des facultés médiumniques qui seraient une source de bénédiction et d'apprentissage pour ma propre médiumnité, si je l'avais utilisée adéquatement. Mais, devant l'intérêt de ce monsieur, que je considérais comme puissant, j'ai ressenti le plein pouvoir, la vanité et le plaisir en le percevant soumis au bon plaisir de mes volontés. Ce fut le premier de plusieurs que je conquis, séduisis et abandonnai!

« Je ne manquais pas d'amis qui me conseillaient, qui me rappelaient le bon chemin, qui m'expliquaient affectueusement les conséquences de mes attitudes. Mais mes oreilles étaient fermées! Après que quelqu'un a donné les premiers pas dans la direction de l'abîme et que la vanité et l'orgueil prennent le dessus, la chute est fatale!

« Mes parents, ah! Mes parents! Ils ont tellement essayé, ils m'ont tellement donné l'exemple et ils m'ont tellement conseillé! Face à eux, je leur donnais raison, mais aussitôt après je retombais dans les mêmes vices, dans les mêmes attitudes perturbatrices et, ainsi de suite, de chute en chute, jusqu'à ce que je m'engage avec un homme qui n'était pas spirite. C'était un homme de caractère très animalisé pour lequel j'eus des sentiments et je me pris de passion.

« Cet homme fit avec moi ce que j'avais fait si souvent avec d'autres : il me conquit, m'utilisa et m'abandonna. Emportée par la haine, j'ai encore ajouté à toutes mes tragédies en le tuant avec du poison, sans que personne s'en aperçoive.

« La justice humaine ne m'a pas attrapée, mais à partir de ce moment ma chute morale fut plus profonde. Peu après, j'ai découvert que j'avais la syphilis. Aujourd'hui, je sais que c'était la première des conséquences de tout ce que j'avais semé.

« Pour moi, à cette époque où j'étais belle et jeune, encore très jeune, me savoir malade de cette façon m'a dévastée. J'ai perdu totalement le contrôle. Je suis devenue alcoolique et je me suis mise à prendre tous les types de drogues stimulantes. Obsédée par le compagnon que j'avais assassiné, je suis allé de plus en plus creux, jusqu'à ce que la mort vienne.

« Vampirisée par lui, tourmentée et torturée, j'ai été emportée vers des régions très profondes que le mental humain ne peut même pas imaginer ni comprendre. Et là, j'ai réparé une partie de tout ce que je dois, car ma mort, au lieu d'être naturelle, fut également le résultat d'un suicide, sous l'effet des suggestions de mon partenaire et causé par le même poison acide que je lui avais offert autrefois. Puis, une âme bénie m'a sauvée de ces abimes de noirceur et de souffrances, après que j'y ai passé un très grand nombre d'années. Après, je suis venue ici pour la première fois.

« J'ai été guidée par les prières de mes parents, qui ne m'ont abandonnée à aucun moment, et j'ai reçu la bénédiction de Marie de Nazareth, dont la Colonie abrite des êtres comme moi qui ont commis un suicide et qui ont assassiné.

« Je commence à avoir conscience de moi-même, et je suis ici à ma propre demande pour vous dire, spirites, que la chute commence de façon très subtile et que ce ne sont pas de grandes choses qui nous compromettent au début. Ce sont de petites attitudes.

« C'est pour cela qu'aujourd'hui encore, mes guides et, certainement, vos guides appellent à la vigilance et à la prière comme outils afin que nous puissions toujours poursuivre notre chemin, sans écouter les suggestions moins dignes.

« Aujourd'hui, je sais que je devrai retourner un jour dans la chair avec les séquelles de tout ce que j'ai fait dans mon corps de chair. Je naîtrai muette, car j'ai ingéré un liquide corrosif, et avec de nombreuses conséquences au niveau mental à la suite des abus que j'ai faits de mon appareil médiumnique.

« Cet avertissement est pour les spirites! Les programmations préparées dans le monde spirituel ne s'élaborent qu'avec notre conscience et notre acceptation. Et lorsque nous utilisons de manière incorrecte les ressources que nous avions pour faire le bien, nous recueillons ensuite les fruits de l'amertume, de la douleur et de la souffrance.

« Le joug de Jésus est doux, mais le joug de nos erreurs est très lourd! Souvenez-vous toujours de cette sœur lorsque vous prenez des attitudes qui ne conviennent pas à l'engagement chrétien, et corrigez votre direction.

« Un jour, si Dieu le permet, je pourrai être ici ou participer à une autre réunion médiumnique, dans beaucoup, beaucoup, beaucoup d'années, et je pourrai donner le témoignage de quelqu'un qui a réalisé son engagement spirituel dans la chair. Maintenant, faites une prière pour votre sœur qui a besoin de beaucoup, beaucoup d'aide pour réussir à se relever, ce qui est le minimum.

« Je vous remercie, mes frères, pour votre patience! »

Maria Helena

Témoignage de G.P.

(Le 10 mars 2014, nous avons reçu le témoignage d'un Esprit qui s'est présenté seulement par ses initiales : G.P. Il a passé toute sa vie à tenter de réprimer son homosexualité, qui était une expiation destinée à ce qu'il apprenne à valoriser la sexualité. Comme nous l'avons vu aux chapitres 2 et 4, l'homosexualité ne peut être réprimée ni prendre toute la place, elle peut être sublimée par l'affectivité envers soi-même et envers les autres.)

G.P. : « J'ai passé toute ma vie à sublimer. »
Psychothérapeute spirituel : « À sublimer quoi? »
G.P. : « Ma tendance homosexuelle. J'ai passé toute ma vie à me traiter avec des médecins et avec des médicaments. Ah! J'ai

été un vrai rat de laboratoire. Me comprenez-vous? J'ai sublimé dans la musique, mais je ne supporte plus de jouer de la musique. Ça me fait mal aux oreilles. Regardez dans quel état sont mes mains! »

Psychothérapeute spirituel : « Que ressentez-vous? La musique vous a-t-elle aidé? »

G.P. : « Au début, oui. »

Psychothérapeute spirituel : « Quel est votre sentiment par rapport à votre tendance homosexuelle? »

G.P. : « Quand j'étais jeune homme, les personnes qui essayaient de m'aider avaient la même difficulté que moi. Même le médecin qui me traitait. Il me donnait un médicament pour me calmer. C'était une torture. »

Psychothérapeute spirituel : « Vous dites que le médecin aussi avait une tendance homosexuelle? »

G.P. : « C'est ça. »

Psychothérapeute spirituel : « D'accord. Et que disait-il à propos de l'homosexualité? »

G.P. : « Que je devais sublimer. Que c'était une énergie que je devais sublimer. Et j'ai essayé de sublimer dans la musique. Longtemps, elle m'a consolé. Après, je crois que je suis devenu fou. Je jouais, je jouais, je jouais… Je suis devenu vieux et je sais que je suis mort. »

Psychothérapeute spirituel : « Alors, vous savez que vous êtes désincarné? »

G.P. : « Je sais, mais je continue à jouer. Ne voyez-vous pas le piano ici? Regardez l'état des touches. (La médium qui était en contact avec lui décrivit dans la réunion d'évaluation que les touches de ce piano étaient usées parce qu'il en avait joué beaucoup) Je continue à jouer, mais ça m'assourdit. Je ne suis plus capable.»

Psychothérapeute spirituel : « Observe que dans les faits tu n'as pas sublimé, n'est-ce pas vrai? Tu as essayé de fuir le problème par l'intermédiaire de la musique. C'est pour cela que tu ressens maintenant de l'horreur pour la musique. Fuir est une mascarade de la réalité. »

G.P. : « C'est pour cela que je fuis la musique. Je ressens de la haine pour la musique. »

Psychothérapeute spirituel : « Pourquoi ressens-tu de la haine pour la musique? »

G.P. : « Parce qu'elle ne m'occupe pas, elle m'assourdit. »

Psychothérapeute spirituel : « Réfléchissons et voyons si cela t'aide! En fait, tu as projeté dans la musique la frustration et la haine que tu ressens à l'égard de toi-même à cause de ta tendance homosexuelle. En écoutant la musique, tu as pensé que tu n'entendrais plus ta tendance homosexuelle et qu'elle partirait. Cela te tourmente. Lorsque nous traitons nos énergies génésiques de cette façon, nous sommes invités à développer une profonde affection envers nous-mêmes et envers la collectivité. C'est seulement en canalisant l'affectivité vers soi-même et vers les personnes autour de soi que tu pourras sublimer. Cette tendance homosexuelle existe comme un reflet des abus que tu as commis dans ton passé spirituel. Ce qui nous manque aujourd'hui souligne ce dont on a abusé hier. Est-ce que ce n'est pas ce que te disent les amis spirituels? »

G.P. : « Je ne sais pas. Je ne veux rien entendre. »

Psychothérapeute spirituel : « Mais aimerais-tu entendre? »

G.P. : « J'en ai besoin. »

Psychothérapeute spirituel : « Le plus important maintenant pour toi est de t'accueillir comme un Esprit immortel, enfant de Dieu et apprenti de la Vie. Tout ce que tu as vécu te sert d'apprentissage pour de nouvelles expériences futures, dans lesquelles tu pourras véritablement sublimer les tendances en toi. »

G.P. : « Je trouve ça très confus. »

Psychothérapeute spirituel : « Comment était ta mère? Comprenait-elle tes difficultés? » (À ce moment, le psychothérapeute spirituel ressent la présence de l'Esprit qui a été sa mère dans sa dernière existence)

G.P. : « Elle connaissait ma douleur et me comprenait. »

Psychothérapeute spirituel : « Et elle t'accueillait? »

G.P. : « Oui, mais elle ne savait pas m'aider. »

Psychothérapeute spirituel : « Elle est désincarnée avant toi, n'est-ce pas? »

G.P. : « Oui. Je vois une lumière. »

Psychothérapeute spirituel : « C'est elle. Que ressens-tu en percevant sa présence maintenant? Ça fait du bien, n'est-ce pas, mon frère? Veux-tu l'accompagner? »

G.P. : « Je me sens comme un enfant. »

Psychothérapeute spirituel : « Abandonne-toi à ce sentiment, sens-toi être à nouveau comme un enfant. »

(Après quelques minutes)

G.P. : « C'est une bienfaitrice. Elle va aider tous ceux qui, pour toutes sortes de raison, cherchent eux aussi la musique pour fuir. »

Psychothérapeute spirituel : « Que Dieu soit avec toi! Que Dieu te bénisse et te protège! »

Témoignage de Targino

(Le 10 février 2014, nous avons reçu le témoignage d'un Esprit qui s'est présenté sous le nom de Targino. À l'opposé du cas précédent,

qui a réprimé son homosexualité, Targino s'est laissé envahir par elle et est devenu une des premières personnes au monde atteintes du sida.)

Targino : « Je demande la permission de raconter comment a été ma réincarnation et mon retour au monde spirituel. (avec une voix très émue et étranglée)

« J'ai été homosexuel. Je suis né dans une famille catholique dans une petite ville de l'État de Minas Gerais. J'ai étudié dans un collège de prêtres et j'ai été abusé sexuellement depuis mon plus jeune âge. À l'adolescence, selon ma tendance, je suis devenu homosexuel.

« J'ai hérité de beaucoup de biens, et j'ai été élevé en étant choyé par ma mère chérie et par mes sœurs qui demeuraient avec nous.

« Devenu adulte, j'ai construit un appartement à côté de la maison de mes parents, et j'ai commencé une vie de dépravation, où je corrompais des mineurs et me viciais de toutes les façons, particulièrement par l'abus de sexe déséquilibré. (pleurs)

« Je ne percevais pas ma révolte contre Dieu. Ma vie a été un enfer, éloigné du Père et sans sens global de la vie spirituelle. Ce fut une vie où je n'ai pas réussi à assumer le rôle d'homme.

« Comme tout devenait un sujet de la rumeur publique et qu'à cette époque, cela affectait ma famille, je suis parti pour les États-Unis. Là, ma vie de promiscuité sexuelle a atteint un bas-fond. Ah! Si tous savaient! (pleurs abondants)

« J'ai fini par être déporté au Brésil après avoir contracté le virus du sida. J'ai été un des premiers à contracter le virus. De retour au Brésil et vivant dans mon appartement complètement scellé, car personne ne connaissait cette maladie, j'ai été dévoré par le virus. J'avais des plaies sur tout le corps. (pleurs abondants)

« Quand je suis désincarné, je croyais être libre, mais, ayant indirectement commis un suicide, je suis resté prisonnier de mon lit durant des années. (pleurs abondants) »

Psychothérapeute spirituel : « Nous te remercions de ton témoignage, car nous savons que c'est un grand défi. Reçois toute notre compassion et nos vibrations de tendresse. »

Targino : « Je souhaite que vous puissiez livrer ce message à tous les homosexuels, même à ceux qui ont autant de difficultés que celles que j'ai affrontées. Qu'ils puissent, d'une manière ou d'une autre, demeurer fidèles à leur propre conscience. Qu'ils cherchent leur façon de se tourner vers Dieu et de trouver une aide dans l'Évangile de Jésus, parce que la souffrance après la mort est beaucoup plus grande. Beaucoup plus grande…

« Je vous remercie beaucoup de votre attention.

« J'espère pouvoir revenir et je veux remercier tous les amis, j'aime vous appeler ainsi, car j'ai été accueilli dans une réunion ici il y a plusieurs années. Mon nom est Targino. (L'Esprit se réfère à une aide apportée par le même groupe médiumnique plusieurs années auparavant au sujet de son suicide indirect) »

Psychothérapeute spirituel : « Targino, emporte nos vibrations de tendresse avec toi, mon frère. Jésus continuera à t'entourer d'amour. »

Targino : « Merci beaucoup et pardonnez mon enthousiasme. »

Psychothérapeute spirituel : « Sois en paix, mon cher frère. »

Témoignage de Maria Dolores

(Le 23 juin 2014, nous avons reçu le témoignage d'un Esprit qui s'est présenté sous le nom de Maria Dolores. Née très pauvre, elle est devenue prostituée et a avorté plusieurs fois après avoir conçu un fœtus.)

« Je suis née dans un port. J'ai connu ma grand-mère comme lavandière. Avec son âge, elle devait gagner sa vie en lavant le linge de toutes les femmes qui travaillaient.

« Ma mère est devenue enceinte à l'adolescence et m'a donné l'occasion d'être là. J'ai grandi en vivant une vie dure et cruelle.

« J'ai été agressée sexuellement durant l'enfance et, par rébellion, je m'imaginais que tout ce qui m'arrivait était prédestiné. Sans ressources, car j'ai étudié très peu, je ne connaissais rien des lettres. Et alors, je me suis abandonné à l'alcool, au sexe déséquilibré et à la prostitution pour pouvoir survivre.

« Je n'avais aucune idée de la vie spirituelle, en raison de ma rébellion. J'ai commis plusieurs avortements et je veux reconnaître le grand crime que j'ai commis envers moi et envers les enfants dont je devais assumer la responsabilité.

« Lorsque je suis désincarnée, je suis demeurée perturbée très longtemps, très longtemps… car j'avais gravement déstructuré, par le sexe, par l'alcool et d'autres vices, toute ma structure psychique. J'ai compris cela en étant ici.

« J'avais un mental irréfléchi. J'ai vécu dans l'obscurité pendant plusieurs années, de longues années innombrables, jusqu'à ce que je sois sauvée et que je puisse commencer à apprendre et à examiner les possibilités qui s'offraient à moi sans déterminisme.

« C'est l'avertissement que je lance. Que tous ceux qui ont eu l'expérience et qui ont vécu des difficultés puissent aider ceux qui croient que leur vie est prédéterminée et sans aucune possibilité de se donner un élan pour l'améliorer et pour sortir du trou où ils se trouvent.

« Je n'avais aucune idée sur les réincarnations, sur la vie spirituelle et sur qui nous sommes en réalité, alors je suis venu apprendre ici.

« Mon témoignage a peu de poids; je me limite à renforcer

l'invitation du Maître à tous ceux qui peuvent guider ceux qui sont déchus, comme je l'ai été.

« Aujourd'hui, je sais que dans quelque temps je devrai retourner et continuer.

« J'ai vécu quelques expériences pour pouvoir m'orienter et m'équilibrer dans les limites du possible, dans les limites des actes que j'ai commis, dans les limites des erreurs que j'ai accumulées.

« Pourtant, je vous le demande : donnez de l'attention aux humbles, aux dépossédés et à ceux qui n'ont pas de meilleur choix pour leur vie. Ils ont besoin de la main amicale de l'amour et de la fraternité, que tous les spirites doivent avoir dans leur cœur pour pouvoir aider à changer ces vies et à donner un nouveau sens à ces existences.

« Ainsi, mes amis, je vous demande, dans mon humble témoignage, où il n'y a pas de déclarations à publier dans un livre, de tourner votre cœur, non pas vers ceux qui savent ce qui peut arriver et ce qui va arriver dans leur vie, mais vers ceux qui sont encore dans l'obscurité et qui sont réincarnés sans tirer profit de leurs propres réincarnations.

« La souffrance est très grande.

« Merci beaucoup, mes amis, pour tout. »

Maria Dolores

Témoignage d'Abdul

(*Le 17 mars 2014, les guides de notre réunion ont amené à la communication médiumnique un Esprit d'une région d'obscurité qui fait la promotion de la pornographie dans le monde physique. L'Esprit, très endurci, se nommait Vipère de la pornographie. Après un dialogue d'éclaircissement, il a donné le nom d'Abdul, relié à une réincarnation marquante vécue à l'époque où Jésus était incarné sur la Terre.*)

« Je m'appelle Vipère. Et comme une vipère, je m'introduis dans vos instincts les plus vils pour provoquer les sensations les plus ardentes. Pourquoi? Parce que la pensée m'attire comme vers une proie, elle attire le serpent!

« Ah! Comme il m'est facile de trouver la satisfaction dans les corps et les idées des hommes et des femmes qui désirent le plaisir sous toutes les formes dans les basses vibrations du déséquilibre.

« Par l'intermédiaire de moyens infimes, comme des regards sensuels, des musiques fougueuses et des paroles obscènes, je m'approche. Ce sont de véritables trompes résonnant mon nom pour que je sois présent, en m'engageant dans les conversations et dans les appétits voraces.

« Je suis une pécheresse, oui. J'ai péché de mille façons comme disent les mythes tristes et mensongers du passé, mais ce que je fais n'a rien à voir avec moi, d'aucune façon.

« J'ai besoin du mental de l'homme qui m'appelle et de la femme qui m'attire pour créer des fantaisies et des séductions. J'ai besoin de leur mental ouvert, et je trouve au fond d'eux énormément d'idées, qui me montrent qu'ils sont de vieux coupables, tout comme moi. Ai-je peur s'ils sont religieux ou athées? Non, cela ne signifie rien pour moi.

« Le mental perturbé ne s'en préoccupe pas, et souvent il aime que les masques parlent de vertus pendant que le cœur pourrit de ses passions viles, suscitant une culpabilité plus rude et affligeante après la pratique des formes bestiales de la pornographie.

« Oui, je suis une vipère de la pornographie. Ma stratégie la plus terrible et la plus subtile est de les laisser être ce qu'ils sont, et les amener ensuite, habilement et avec plusieurs efforts, dans les tragédies du scandale, parce que le scandale viendra tôt ou tard. »

(L'Esprit fut éclairé dans sa compréhension, après avoir été sensibilisé par un Esprit qui avait été son fils dans une réincarnation à l'époque de Jésus et qui, plusieurs fois, avait réincarné à ses côtés. Ils s'éloignaient toujours l'un de l'autre en raison des vices sexuels.)

Témoignage de João Cabral

(Le 10 février 2014, les guides de notre réunion ont amené à la communication médiumnique un Esprit souffrant très endurci, encore réticent à reconnaître ses failles. Il a raconté un drame passionnel vécu dans sa plus récente existence. On peut constater par son témoignage que l'adultère peut générer des drames énormes.)

Psychothérapeute spirituel : « Essayez de vous calmer et parlez-nous. Qu'est-ce qui vous amène ici? »

João Cabral : « Je suis venu ici, car ils m'y ont forcé. »

Psychothérapeute spirituel : « Que veux-tu dire? »

João Cabral : « Plusieurs années se sont passées déjà. »

Psychothérapeute spirituel : « Plusieurs années se sont passées depuis quand? »

João Cabral : « Ah, vous ne savez rien. Vous ne comprenez rien. Pourquoi suis-je revenu? J'étais... Pourquoi suis-je revenu ainsi? Je n'arrête pas de saigner... » (L'Esprit se plaint du saignement produit par la plaie lors de son suicide)

Psychothérapeute spirituel : « Voulez-vous parler avec nous? Vous êtes parmi des amis, parmi des frères. »

João Cabral : « Pourquoi m'avez-vous amené ici? »

Psychothérapeute spirituel : « Tu as été amené pour recevoir de l'aide spirituelle. »

João Cabral : « Est-ce que je suis dans un tribunal? »

Psychothérapeute spirituel : « Non, vous êtes parmi des amis. »

João Cabral : « Parce que si c'est là que je suis, c'est facile. Je suis l'accusé : j'ai tué et je me suis tué. J'ai souffert l'enfer, l'enfer. Et après, j'ai fait souffrir d'autres aussi. Je n'ai pas eu d'allégement comme les privilégiés, j'ai été au pire endroit. J'ai souffert l'enfer, savez-vous ce qu'est l'enfer? J'ai souffert tout ce que vous pouvez imaginer. J'ai été martyrisé, torturé, mais je ne me suis pas plaint. »

Psychothérapeute spirituel : « Si je comprends bien, vous avez tué quelqu'un et vous vous êtes tué. Est-ce exact? »

João Cabral : « C'est bien ça. »

Psychothérapeute spirituel : « Qui avez-vous tué? »

João Cabral : « Ma femme. »

Psychothérapeute spirituel : « Pourquoi? »

João Cabral : « Elle m'a trahi. Elle m'a trahi de la pire façon. »

Psychothérapeute spirituel : « Comment? »

João Cabral : « Dans ma propre maison, dans mon propre lit. J'ai prémédité sa mort. Je lui ai fait prendre une grande quantité d'opium et elle est morte. J'ai ressenti du plaisir à faire cela. Je l'ai tuée.

« J'ai pleuré à son enterrement. J'ai été un veuf inconsolable, puis j'ai planifié ma mort. Je me suis tué. J'ai pensé pouvoir en finir ainsi avec cet enfer de douleur, car je l'aimais et, malgré la trahison, j'ai continué à l'aimer. Mais je suis mort et ça a été un enfer. (pleurs)

« Après avoir réussi, je me suis vengé de tous et de tout. Je suis devenu l'être le plus abject et j'en ai inspiré plusieurs à se suicider. Et pourquoi m'avez-vous amené ici? »

Psychothérapeute spirituel : « Parce que vous êtes soutenu affectueusement et amicalement par des âmes amicales. »

João Cabral : « (Grand rire) Amour, depuis quand l'amour existe-t-il en enfer? »

Psychothérapeute spirituel : « Depuis combien de temps n'avez-vous pas parlé avec quelqu'un? »

João Cabral : « Ça fait très longtemps. »

Psychothérapeute spirituel : « Quelqu'un ici t'a-t-il fait violence ou contraint à quelque chose? »

João Cabral : « Vous me retenez ici… »

Psychothérapeute spirituel : « Vous êtes retenu pour ne pas créer de désordre. Pour vous montrer mon respect, j'ai écouté votre histoire. Savez-vous où vous êtes? »

João Cabral : « Non, monsieur. Je ne sais comment, je peux parler dans un corps de femme. »

Psychothérapeute spirituel : « C'est un phénomène médiumnique. »

João Cabral : « Qu'est-ce que c'est? »

Psychothérapeute spirituel : « Vous parlez en ce moment par l'intermédiaire d'une médium. Vous êtes dans une réunion spirite. Quand je parle de réunion spirite, est-ce que ça vous rappelle quelqu'un? » (Le psychothérapeute perçoit la présence d'un ami de l'Esprit qui a été spirite)

João Cabral : « Spirite? »

Psychothérapeute spirituel : « Vous rappelez-vous quelqu'un qui a été spirite? »

João Cabral : « Mon Dieu, j'avais un ami. »

Psychothérapeute spirituel : « Un ami qui était spirite et qui conversait avec vous. »

João Cabral : « La Doctrine d'Allan Kardec. »

Psychothérapeute spirituel : « C'est ça. Cet ami a conversé avec vous quelques jours avant que vous tuiez votre femme et que vous vous tuiez. »

João Cabral : « J'avais l'impression qu'il devinait mes pensées, mais je ne l'ai pas écouté. »

Psychothérapeute spirituel : « Et vous avez tué votre femme et vous avez enlevé la vie de votre corps physique. Pourquoi? »

João Cabral : « C'est juste que je voulais d'abord me venger et ensuite m'éliminer. »

Psychothérapeute spirituel : « Et il vous a dit que la vie continuait. »

João Cabral : « Je n'ai pas réussi. Il avait raison. Dieu existe-t-il? Je ne supporte plus tout cela, je ne sais plus rien, je ne suis plus capable de rien, j'ai fait de pire en pire et je continue à souffrir toujours plus. (pleurs) »

Psychothérapeute spirituel : « C'est vrai. Cet ami qui conversait avec vous, il est ici maintenant. C'est lui qui a demandé une intervention affectueuse parce que son amitié et sa tendresse pour vous sont très grandes. Vous rappelez-vous des moments où vous avez senti un certain réconfort au milieu des tourments? C'était sa présence. »

João Cabral : « Oui, rarement. »

Psychothérapeute spirituel : « Comment l'avez-vous connu? Quel était son nom? »

João Cabral : « Joãozito. »

Psychothérapeute spirituel : « Il est ici maintenant. Il vous parle. »

João Cabral : « Tu avais raison, la fin n'existe pas. »

Psychothérapeute spirituel : « Il n'existe pas de fin, c'est vrai. La mort est un phénomène commun à tous, mais elle nous ramène à notre propre vie. »

João Cabral : « Pourquoi, mon Dieu? Elle m'a trahi. Pourquoi tout ceci? Et mes enfants, Roberto? Que sont-ils devenus? Je n'ai jamais reçu de nouvelles d'eux. »

Psychothérapeute spirituel : « Combien d'enfants aviez-vous? »

João Cabral : « Deux. »

Psychothérapeute spirituel : « Regardez, un ami apporte des nouvelles. Savez-vous quand tout cela est arrivé? »

João Cabral : « Cela fait très longtemps. »

Psychothérapeute spirituel : « Parlez avec votre ami. »

João Cabral : « J'accepte tout. J'accepte tout. »

Psychothérapeute spirituel : « Il est avec vos deux enfants. Ils sont déjà désincarnés et ils sont ici. Ils vous ont cherché ainsi que votre femme. Regardez. »

João Cabral : « Il existe un peu de bonté. »

Psychothérapeute spirituel : « Ces deux jeunes qui arrivent sont-ils vos enfants? »

João Cabral : « Je suis gêné, ne me regardez pas. (pleurs abondants) »

Psychothérapeute spirituel : « Maintenant, ils vous invitent à vous pardonner. C'est vrai que vous avez commis une erreur, mais c'est uniquement en vous pardonnant, en vous acceptant et en vous ouvrant à l'aide spirituelle que vous recevez, que vous pourrez surmonter tout cela. Vous sentez-vous mieux maintenant? »

João Cabral : « Oui. Roberto va m'amener avec lui. Je ne mérite pas d'aller avec mes enfants. »

Psychothérapeute spirituel : « Allez avec lui. Amenez avec vous notre affection. Que Jésus vous bénisse et vous aide. »

Témoignage d'Eracio

(Ce témoignage a été obtenu par la psychographie du médium Afro Stefanini II pour ce livre.)

« Le néant serait mille fois mieux que ce que j'ai trouvé après la mort. Rien ne peut être plus illusoire que l'idée infantile de la paix de la sépulture attendant l'être humain irréfléchi, après toute une vie de luttes et de conquêtes.

« Je n'ai pas été un matérialiste endurci comme ceux considérés athées convaincus. J'ai plutôt été ce qu'on appelle ici un matérialiste dissimulé, et pire encore un matérialiste très bien dissimulé. Sur la Terre, il suffit d'un titre reconnaissant la connaissance intellectuelle pour qualifier quelqu'un à agir, mais dans le monde au-delà de l'ombre de la Terre, cela n'offre aucun avantage. Savez-vous bien ce que veut dire avoir un titre de spirite? Connaissez-vous même le poids de cette responsabilité?

« Je croyais le savoir et je me suis aventuré à obtenir le titre honorable de président du centre spirite à une époque où le Spiritisme provoquait le rejet dans la majorité des familles brésiliennes. La reconnaissance évidente que les spirites ont conquise aujourd'hui était une illusion vers 1920 à 1940, période durant laquelle j'ai milité dans le mouvement et manqué à mon principal devoir : ma vie morale.

« La consécration d'un titre de président spirite devrait être le résultat des services rendus à l'humanité et démontrée par l'abnégation envers tous ceux qui s'intéressent à la conduite d'un travail d'une certaine ampleur.

« Dans mon cas, des attentes trop élevées, un manque de connaissance des défis, l'autofascination à l'égard des phénomènes et peu de connaissances morales pour diriger des personnes sont les caractéristiques d'un président indiscipliné et individualiste dans le travail.

« Le nombre de personnes intéressées à connaître la Doctrine spirite était considérable. Rapidement, je me suis entouré de médiums déséquilibrés et avec une médiumnité ostensive, que j'ai intégrés après peu de temps dans des réunions médiumniques mal préparées.

« Je croyais, comme plusieurs de mon époque, que la médiumnité serait la principale voie d'accès au centre spirite pour les incrédules et les religieux. De façon désordonnée, j'ai donc organisé une activité de médiumnité élargie avec la participation de médiums fournissant des prescriptions de médicaments, de médiums de passe incorporant des Esprits et de médiums produisant des manifestations médiumniques dans des réunions publiques; plusieurs personnes ont été ainsi attirées et, je le confesse, également déçues.

« En peu de temps, j'ai généré le centre spirite le plus obsédé de la région. De plus, en raison de la faute de me croire sur la bonne voie, je faisais de l'ironie sur le dos des autres centres qui ne faisaient rien d'autre que des groupes d'étude, ce que j'estimais être une manifestation de l'échec du Spiritisme qui devait, selon mon idée bornée, être toujours rempli de manifestations médiumniques…

« Un jour où des réunions publiques étaient prévues, une belle jeune femme avec des manières éduquées apparut au milieu des personnes qui fréquentaient le centre. Sa beauté et son état perturbé attirèrent mon attention masculine, et j'étais toujours curieux à l'égard des phénomènes.

« Après la conférence, je l'ai appelée pour discuter en privé et, dans une fonction semblable à ce qui est connu aujourd'hui comme l'aide fraternelle, je me suis approché d'elle. Nos dialogues sont devenus hebdomadaires et l'aide fraternelle est devenue un jeu dangereux de séduction et d'intérêt. Après huit mois, je l'avais déjà complètement séduite et, sans que personne ne puisse nous voir, nous avons entrepris une relation intime non programmée.

« Le temps qui devait être investi dans ma propre évolution, car je savais bien qu'une réincarnation est un trésor sans pareil pour notre réparation, est devenu un simple bien sans valeur, et je suis devenu obsédé par la peur de perdre les heures de jeunesse sans bénéficier du miel empoisonné des sensations.

« Pendant que ma relation avec Élisa, celle que j'avais séduite au centre spirite, s'intensifiait, je faisais semblant aux yeux des autres et jouais au fanfaron dans mon territoire, en donnant l'illusion d'une attitude vertueuse, dont j'étais bien éloigné.

« Il fallut peu de temps à certains collègues dévoués et véritablement spirites pour percevoir les écarts dans mon comportement : je parlais brillamment au pupitre des concepts spirites et, dans l'intimité, je démontrais de grandes incohérences en utilisant des expressions obscènes et en faisant de petits gestes immoraux avec des consoeurs du centre spirite, avec des attitudes subtiles de séduction; j'étais semblable à un loup, déguisé en mouton, qui montre à l'évidence qu'il s'apprête à attaquer de façon sournoise.

« Puis, une jeune femme s'est approchée du centre spirite dans le but de révéler son drame profond, et cela a conduit à mon effondrement triste et horrible. La jeune femme de 22 ans affirmait que son immense tragédie concernait son chemin à prendre dans sa relation avec son amoureux, et que c'était le seul motif qui l'amenait à chercher du réconfort dans le Spiritisme.

« J'ai profité des conversations intimes pour connaître des détails sur sa relation en faisant valoir ma « volonté innocente de l'aider », et j'ai ainsi pu comprendre les faiblesses morales imperceptibles de mon interlocutrice. Je l'ai pressée avec mon attention soutenue à me révéler les détails les plus intimes et, dans mon hallucination presque évidente, je me réjouissais du récit.

« Tout à coup, la jeune femme se mit à pleurer et cela me causa un grand choc moral. Elle était enceinte, et elle n'avait pas la force d'assumer cet enfant devant les autres. J'ai pris peur devant cette situation, et j'ai réussi à réfléchir avec un peu de lucidité pour la convaincre que l'avortement serait une solution pire, mais j'ai inventé quelque chose de terrible afin de tirer un bénéfice du moment de grande fragilité de la jeune femme.

« J'ai affirmé avoir des pouvoirs surnaturels exceptionnels et une relation de confiance avec l'au-delà et que, grâce à cela, je pourrais l'aider dans cette situation si délicate à la condition qu'elle suive mes instructions sans hésitation. Très fragilisée, elle a accepté ma proposition ténébreuse et promis de garder cela complètement secret.

« Nous avons passé des mois à tenir des conversations obscures et sa grossesse ne paraissait presque pas. J'ai proposé de la rencontrer pour discuter dans un endroit neutre, en dehors du centre spirite, pour mieux réaliser mon plan et la convaincre d'accepter mon idée malsaine.

« Je lui ai dit, dans une suggestion lâche, osée et malveillante, que je pouvais empêcher le bébé de désirer naître si elle se donnait à moi comme femme, car j'avais les pouvoirs pour intervenir sur les Lois Naturelles, comme intermédiaire de l'au-delà.

« Irréfléchie et désorientée, la jeune femme accepta et, quelques jours plus tard, je consommais mon acte insensé de séduction, en oubliant que la Loi du Retour nous redonne toujours ce qu'on lui offre.

« Deux mois plus tard, alors que la jeune femme avait disparu et que je ne pensais plus à elle avec l'exaltation d'avant, Élisa, la première que j'avais séduite, eut une crise d'hystérie dans le centre spirite. Son expression de mépris et d'ironie se mêlait à la douleur et à l'appel à l'aide. J'ai perçu que c'était une interférence provenant directement des ténèbres.

« Le bras tendu d'Élisa se dirigeait vers moi et sa bouche disait : « Serpent! Serpent! Ton venin s'est retourné contre toi. Ton masque de bon samaritain va tomber! »

« Au milieu des rires et des menaces, nous avons tenté de contenir l'impudence d'une telle déclaration, qui fut considérée comme une manifestation d'obsession sans grands préjudices. Pour ma part, j'ai ressenti un choc quand l'Esprit, m'interpellant, me menaça avec des vérités. Quelques mois plus tard, j'ai compris ce que tout cela signifiait.

« En effet, la jeune femme prétendument enceinte, que j'avais séduite, ne l'était pas dans les faits, mais elle l'est devenue après mon acte inconvenant. Je suis devenu prisonnier de mon propre piège.

« Le scandale deviendrait très grave et j'élaborais déjà une façon de me sauver de la trame que j'avais mise en place, quand, revenant d'un voyage d'affaires, la mort m'attendait sur la route près de ma ville de résidence. En quelques minutes, un corps inerte par terre marquait la fin de mon impressionnante déchéance morale.

« La jeune femme s'est rendue au centre pour expliquer sa situation et pour dire que l'enfant dans ses bras était le mien, mais les défenseurs de mon image n'ont pas accepté ce récit, et l'ont considérée comme étant une obsédée ou une profiteuse.

« Élisa demeura longtemps profondément perturbée par la médiumnité mal guidée et abusive, souvent à cause de moi. En ce qui me concerne, je suis demeuré plusieurs années prisonnier de l'emprise de tyrans spirituels qui m'amenaient parfois au centre spirite pour me montrer le foyer d'horreur que j'avais créé par des années d'hypocrisie.

« D'un certain point de vue, le centre fonctionnait, mais, d'un autre point de vue, la suggestion hypnotique que j'avais mise en place auprès de mes anciens collègues faisait en sorte qu'ils continuaient à suivre plusieurs de mes manies libertines. Le centre ressemblait à un caveau obscur avec des installations ténébreuses, pourchassant ceux qui cherchaient Jésus avec sincérité, à l'intérieur des murs apparemment innocents du centre spirite.

« Mon histoire n'est pas un récit quelconque. C'est la confirmation des paroles de Jésus avertissant les exploiteurs de Son Évangile sur les pleurs et les grincements de dents à venir. J'espère avoir la chance le plus rapidement possible d'obtenir un nouveau corps pour le recommencement difficile auquel je ferai face.

« Sur la Terre, le criminel mérite d'être pris dans une cellule, mais, dans le monde spirituel, l'endetté supplie pour obtenir des épreuves exigeantes, afin de gagner une minute sans la torture de la culpabilité.

« J'ai erré, j'ai souffert et je n'ai plus de paix. Qu'ai-je gagné avec mes choix? Je le dis sans rien diminuer ni augmenter : **pleurs et grincements de dents.** »

Eracio

Témoignage de Suzanáh
La trajectoire d'une âme qui s'est trompée

(Le 23 juin 2014, nous avons reçu l'Esprit Suzanáh qui nous a raconté sa trajectoire du culte du sexe à l'équilibre spirituel.)

« Je suis en possession des souvenirs de mes dernières réincarnations avec la conscience des graves erreurs que j'ai répétées dans ces vies.

« Je parlerai de l'avant-dernière et des graves erreurs que j'y ai commises, car les autres étaient très semblables.

« La miséricorde divine, qui n'abandonne aucun de Ses enfants, m'a accordé trois tentatives pour réparer ces erreurs, profondément enracinées dans mes choix.

« Je suis née comme Suzanáh, dans une famille chrétienne qui m'a élevée avec les valeurs morales de l'époque et m'a guidée dans une société qui préservait les valeurs morales du christianisme.

« J'ai étudié, appris à lire et à écrire, connu un homme digne et juste, et me suis mariée avec un homme qui m'a donné toutes les possibilités. J'ai eu trois enfants, deux garçons et une fille, et mon mari et moi avons formé un foyer. Mais j'étais un Esprit assez agité et, encore profondément préoccupé des questions sexuelles, je ne me satisfaisais pas de cette vie que je considérais comme indigne de ma personne. Une vie modeste, une vie de province.

« Alors, à la première lueur d'illusion, qui apparut sous la forme d'un libertin, je me suis laissé emporter par la passion, j'ai abandonné le foyer et les enfants, et j'ai suivi cet homme pour profiter des délices de la vie.

« Et nous partîmes pour une grande ville et là, petit à petit, j'ai commencé à percevoir les erreurs commises. Mais déjà quelques années s'étaient écoulées et j'étais grandement compromise en matière sexuelle avec cet homme, car il avait plusieurs habitudes vicieuses et plusieurs vices dans lesquels je me complaisais. Je ne pouvais plus retourner.

« Peu à peu, il s'est fatigué de moi et m'a vendu à ses amis, qui s'intéressaient aux techniques sexuelles qu'il m'avait enseignées.

« De ses amis, je suis passée à ses connaissances, et ensuite à ses clients. Je suis devenue une marchandise entre les mains de Ricardo.

« Ainsi, de chute en chute, je suis devenue enceinte à quelques reprises, et à chaque fois j'ai avorté, car un enfant dérangerait ma vie, selon ma perception à cette époque.

« Et d'erreur en erreur, de chute en chute, j'ai aggravé ma

situation morale et spirituelle jusqu'à ce que Ricardo m'abandonne, et j'ai abouti dans un lieu de prostitution infecte.

« La révolte, l'orgueil et le désespoir m'envahirent et, pour me libérer de tout cela, j'ai sauté en bas d'un précipice tout près, abandonnant cette incarnation sur un tas de pierres qui m'accueillit en bas.

« Lorsque j'ai récupéré les premières lueurs de conscience dans le plan spirituel, ceux que j'avais avortés, révoltés, voulaient se venger et m'attendaient. Presque immédiatement ils m'ont emmenée dans des régions d'obscurité et de souffrance profondes, où j'ai été torturée et malmenée pendant plusieurs années.

« La révolte habitait encore mon cœur et je me sentais victime d'injustice, mais la douleur et la souffrance, ces deux compagnes qui suscitent notre réflexion sur ce que nous avons fait, m'ont amenée à revoir quelques attitudes et à repenser tout ce que j'avais vécu.

« Petit à petit, mon cœur s'est attendri, et j'ai perçu les graves erreurs, très enracinées en moi.

« Lorsque le véritable repentir est arrivé dans mon cœur, et que j'ai réussi à élever mon regard vers l'image de la mère de Jésus, qui vient en aide à toutes ses filles, j'ai reçu le soutien de ses serviteurs.

« Ils m'ont retirée d'une région de profonde souffrance et de profonde obscurité, dans laquelle j'étais plongée dans une boue immense, et ils m'ont amenée à la Colonie où notre très sainte mère reçoit toutes ses filles et tous ses fils déchus.

« Moi qui étais totalement compromise, avec des plaies morales profondes et des plaies graves dans le périsprit, j'ai été traitée avec tant d'amour, tant de patience et tant de miséricorde, qui seront un baume que je conserverai pour l'éternité.

« Là, très lentement, j'ai réussi à récupérer les bonnes

qualités en moi. Percevant mes graves erreurs, travaillant et les transformant, j'ai cumulé toute une préparation morale et émotionnelle, car j'avais besoin de retourner sur la scène terrestre pour réparer mes dettes très sérieuses.

« Et je suis revenue pour une brève réincarnation afin de corriger mon périsprit. Cela dura à peine quelques années, dans une famille amoureuse et chrétienne, par les bienfaits de la miséricorde divine, comme toujours.

« Je suis retournée à nouveau à la Colonie. Je me suis encore préparée pendant des années, beaucoup d'années pour revenir sur la scène terrestre avec, comme premier engagement, d'avoir une famille, de constituer une famille amoureuse et ensuite de la maintenir jusqu'à la fin de mes jours.

« Et c'est ce qui est arrivé. Je suis née encore une fois dans une famille chrétienne qui m'a donné toutes les connaissances nécessaires pour créer une famille harmonieuse et j'ai grandi, mais les habitudes vicieuses, à nouveau, m'ont presque déroutée de mon chemin.

« Dans l'adolescence, avec mes fréquentations de l'époque, j'ai renié le mariage que j'estimais être pour ceux qui n'avaient pas d'autres ambitions et j'en avais : je voulais étudier et me former, et c'est ce que j'ai fait.

« J'ai étudié et je me suis formée, mais grâce encore une fois à la miséricorde divine, j'ai rencontré un compagnon digne, après m'être formée. Puis, j'ai reçu les premières connaissances de la Doctrine spirite.

« J'ai commencé à étudier la doctrine, de mes 20 ans à mes 30 ans, et je me suis mariée. J'ai eu deux enfants. J'ai appris, dans la Doctrine spirite, sur les vies successives et sur les Lois. Ce qui attira le plus mon attention est la Loi de Cause et Effet, considérant mes graves erreurs du passé.

« Mais une fois de plus la révolte m'emporta. Je me suis éloignée pour un bon bout de temps de la Doctrine spirite, mais j'ai maintenu mes engagements dans le mariage et dans l'éducation de mes enfants.

« Après un certain temps, je suis retournée au centre spirite, et j'ai continué à participer comme simple collaboratrice dans un centre d'une petite ville de province. Mais, dans mon cœur, le bonheur était immense, car, intuitivement, j'avais la certitude que, cette fois, j'étais dans le chemin qui avait été programmé par mes guides, avec mon approbation.

« Et c'est ainsi que je suis désincarnée et que je suis retournée au monde spirituel, non pas avec un succès complet, car j'ai plusieurs failles dans mon chemin, mais comme une personne qui a réalisé les principaux objectifs qui avaient été programmés, c'est-à-dire mon mariage et mes enfants. Le maintien d'un mariage harmonieux et l'éducation digne et morale de ses enfants.

« Toutefois, mes frères, j'ai eu besoin de quatre réincarnations pour apprendre à transformer la rébellion, l'orgueil et l'égoïsme par rapport à la famille, en humilité, en douceur et en fraternité.

« Aujourd'hui quand je regarde par en arrière, je remercie profondément la miséricorde divine et le soutien de Marie et de ses serviteurs, qui ont été déterminants dans ma vie immortelle.

« Je rendrai toute cette attention en faisant le bien et en utilisant le peu que je sais.

« Merci beaucoup, »

Suzanáh

Annexes

À la fin de toutes les réunions faites pour recueillir les messages psychophoniques qui composent ce livre, un des guides présents faisait la prière de remerciements pour les bénédictions reçues ce jour-là. Fréquemment, durant leurs prières, ces guides parlèrent d'un point de vue qui serait le nôtre et prièrent comme s'ils avaient en eux les défauts qui nous caractérisent.

Nous publions ici trois prières avec ces caractéristiques. Ce sont de véritables marches à suivre de comment se comporter par rapport à la sexualité et au sexualisme.

Nous présentons également brièvement le *Projet Espiritizar.*

Prière 1

« Seigneur! Nous laissons circuler, maintenant, la pensée cosmique de Dieu dans chaque cellule qui se multiplie et se renouvelle.

« Nous sommes devant Ta plus intense compassion qui est la propre conscience en nous. Elle nous élève d'une étape à l'autre du bonheur sans fin. Cette compassion respecte nos décisions, nos choix, nos arbitraires et nos erreurs atroces, et elle continuera à respecter sans fin tout ce que nous choisirons, car cette compassion est la présence même de Dieu nous aimant inconditionnellement, jusqu'au fond de nos expériences sexuelles.

« Nous constatons que nous avons déjà la capacité de sublimer les forces mal utilisées et mal conduites de notre passé d'ignorance et de douleur. Tout ceci commence parce que l'amour se manifeste en nous comme la lumière qui dissipe et dissout toutes les ombres que le sensualisme créa autour de nos illusions.

« Pour cela, immensément ouverts à l'énergie cosmique de la nature et de la vie, nous nous plaçons maintenant face à l'énergie génésique créatrice de l'existence et nous pouvons dire à quel point nous aimons cette énergie créatrice. Et nous nous disons, de notre coeur à notre cerveau et à notre mental : *je m'aime, je suis la création de l'amour, constamment, je crée de l'amour! Constamment, je crée de l'amour!*

« Activant cette force du centre génésique, dans tous les centres vitaux et dans celui de la transcendance, je ressens encore une fois : *je suis amour! Je suis création! Je crée de l'amour constamment, je crée de l'amour constamment!*

« Que Ta bonté, Maître de la création profonde de l'amour en chacun de nous, demeure en nous, en nous unissant aux plans de Dieu en tout et toujours!

« Beaucoup de paix, »

Honório

Prière 2

« Seigneur! Avec le soutien de Ton amour, nous séjournons dans les brumes du malheur, parce que nous ne nous comprenions pas, même si nous recevions tout le soutien. Soutenus par Ton amour qui ne nous laisse jamais et ne s'éclipse jamais.

« Même lorsque nous sommes révoltés contre les forces suprêmes de la création, Ton soutien continue. Avec Ton soutien, Seigneur, nous avons été invités à agir de manière adéquate et amoureuse, mais nous avons méprisé l'invitation, et nous avons agi inconsidérément dans nos fonctions d'homme ou de femme, mais nous avons toujours conservé Ton soutien.

« Tu nous soutiens parce qu'en comprenant nos chutes, tu observes l'intensité de nos besoins et nous, comme des personnages handicapés, nous croyons avoir devant nous seulement des choix sans conséquence. Seigneur, que les expériences que la Loi de Justice nous a apportées soient bénies, également avec Ton soutien.

« Alors nous réincarnons dans des corps masculins et dans des corps féminins, nous passons par des expériences variées, et nous cheminons par les expériences de notre sexualité. Puis vient le Spiritisme et, aujourd'hui, nous comprenons la vérité des Esprits immortels que nous sommes. Nous avons la pleine certitude de tout ce que la nature nous offre. Et l'expérience grandiose et silencieuse de la réincarnation nous invite au meilleur pour notre développement.

« Ainsi, nous cheminons vers une conscience plus lucide, plus ouverte, sous la forme d'une soumission inconditionnelle à la volonté de Dieu. Nous apprenons, Jésus bienaimé, à nous aimer intensément par rapport à nos questions sexuelles et par rapport aux besoins intimes de l'organisme. Nous apprenons à cultiver l'amour pour chaque cellule, chaque organe, chaque partie de notre être, et ceci nous aide à comprendre comment résoudre les énigmes que nous conservons dans l'intimité de notre cœur.

« C'est ainsi que nous avons appris à transmuter chaque épine dans notre chair. Épine par épine, nous avons transformé les influences de la matière et nous avons suivi, Jésus, la direction de la véritable et éternelle demeure de la conscience, la conscience des Esprits immortels.

« Que Ta bonté nous bénisse et nous aide à nous soigner avec le respect, la dignité et l'honneur qu'il se doit, aujourd'hui, maintenant et toujours. »

Honório

Prière 3

« Bienaimé Maître, en Ta compagnie, les lépreux ont retrouvé la santé du corps, sont retournés dans leurs foyers, et rencontrèrent leurs proches, reprenant ainsi la vie que la lèpre avait volé de leur coeur.

« Ils ont pu embrasser de nouveau, converser, être en relation, mais, rapidement, malgré leur corps sain et les énergies sexuelles renouvelées, tous ces lépreux sauf un répétèrent les préparatifs de leur chute dans les abîmes de l'obscurité et de la douleur, rejetant Ton aide et repoussant pour beaucoup plus tard la réparation de leurs fautes; un seul retourna pour Te remercier et pour donner une nouvelle direction à sa vie.

« Nous nous sentons maintenant, Seigneur, comme ce lépreux qui retourne pour Te remercier. Nous demandons que Ta bonté, empreinte des Lois Divines, vienne à nous et nous aide à comprendre les mécanismes intérieurs de notre propre énergie de vie.

« Nous reconnaissons nos plaies morales et les blessures de notre âme, mais, avant tout, nous reconnaissons le baume suprême que verse sur nous Ton coeur divin qui nous donne, Seigneur, l'occasion de conquérir et d'aimer Ta généreuse Vérité. Avec le temps, maintenant et éternel, notre discernement s'illumine.

« Permets-nous que toutes les Lois de la vie génésique, appliquées aux actions sexuelles, produisent en nous un état de plénitude, d'appartenance à l'Univers, d'amour de la vie, afin que, comme Esprits créatifs et enfants de Dieu, nous puissions donner et avoir le plaisir de donner, au lieu d'avoir des exigences pour recevoir, des exigences qui nous blessent tellement et limitent la joie de notre coeur.

« Que Ta bonté soit aujourd'hui et toujours en paix! »

Marandi Swami

Références bibliographiques

ÂNGELIS, Esprit Joanna de (2010) *Vitória sobre a depressão* (Victoire sur la dépression), psychographié par Divaldo Pereira Franco. Salvador : *Livraria Espírita Alvorada Editora*.

ÂNGELIS, Esprit Joanna de (1982) *Estudos Espíritas* (Études spirites), psychographié par Divaldo Franco. Salvador : Livraria Espírita Alvorada Editora.

CERQUEIRA FILHO, Alírio de (2014). *Energia dos Chakras e o Poder Terapêutico da Fé, da Meditação e da Oração* (L'Énergie des chakras et le pouvoir thérapeutique de la foi, de la méditation et de la prière). Cuiaba : *Espiritizar*.

CERQUEIRA FILHO, Alírio de (2014). *O Significado das Leis Divinas em Nossas Vidas* (Le sens des Lois Divines dans nos vies). Cuiaba : *Espiritizar.*

KARDEC, Allan (1960) Livre des Esprits, 2e édition, Union spirite française et francophone

KARDEC, Allan (1964) Évangile selon le spiritisme, 3e édition, Union spirite française et francophone.

LUIZ, Esprit André (2012) Mécanismes de la médiumnité, psychographié par Francisco Cândido Xavier. Brasilia : Conseil spirite international.

LUIZ, Esprit André (2010) Évolution dans deux mondes, psychographié par Francisco Cândido Xavier. Brasilia : Conseil spirite international.

LUIZ, Esprit André (2007) Entre la Terre et le Ciel, psychographié par Francisco Cândido Xavier. Brasilia : Conseil spirite international.

LUIZ, Esprit André (2005) Missionnaires de la Lumière, psychographié par Francisco Cândido Xavier. Brasilia : Conseil spirite international.

LUIZ, Esprit André (2005) Ouvriers de la vie éternelle, psychographié par Francisco Cândido Xavier. Brasilia : Conseil spirite international.

LUIZ, Esprit André (1963) *Sexo e Destino* (Sexe et destin), psychographié par Francisco Cândido Xavier et Waldo Vieira. Rio de Janeiro : Federação Espírita Brasileira.

MIRANDA, Esprit Manoel Philomeno de (2002) *Sexo e Obsessão* (Sexe et obsession), psychographié par Divaldo Pereira Franco, 3e édition. Salvador : Livraria Espírita Alvorada Editora.

MIRANDA, Esprit Manoel Philomeno de (1970) *Nos Bastidores da Obsessão* (Dans les coulisses de l'obsession), psychographié par Divaldo Franco. Salvador : Livraria Espírita Alvorada Editora.

REVUE SPIRITE, Journal d'études psychologiques, sous la direction de Allan Kardec. 9e année, no 10, octobre 1866. Paris : Union spirite française et francophone.

PROJET
ESPIRITIZAR
Qualifier et humaniser pour spiritiser

Ce qu'est le

Projet Espiritizar

EXPÉRIMENTER

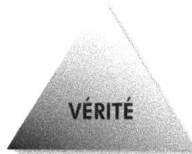

VÉRITÉ

CONNAÎTRE   **SENTIR**

L'objectif essentiel de la Doctrine spirite est de revivre l'Évangile de Jésus, en Esprit et en Vérité, pour christianiser l'humanité, en ayant comme orientations les oeuvres de base de Kardec.

Le Projet Espiritizar vise à servir d'instrument au mouvement spirite afin que la Doctrine spirite soit divulguée, en revivant l'Évangile de Jésus, de façon à éviter que le mouvement spirite dévie de son objectif essentiel, comme cela est arrivé à d'autres époques avant la venue du Consolateur.

Le Projet Espiritizar développe dans ses actions la triade Qualifier, Humaniser et Spiritiser, proposée par la guide Joanna de Ângelis au mouvement spirite, par l'intermédiaire de la médiumnité de Divaldo Franco.

Pour que cet objectif se réalise, le Projet Espiritizar travaille trois points principaux :

1- Des actions pour qualifier : réaliser des actions opérationnelles, dans les domaines administratif et doctrinaire, en recherchant l'efficience et l'efficacité, dans le but d'obtenir la meilleure qualité possible, de façon à réaliser l'objectif essentiel de la Doctrine spirite.

2- Des actions pour humaniser : réaliser des actions pour connaître, réfléchir, ressentir et expérimenter l'Évangile de Jésus, rappelé par la Doctrine spirite, dans nos vies, de façon que nous puissions connaître les Lois Divines, les aimer et les expérimenter chaque jour.

3- Des actions pour spiritiser : réaliser des actions pour approfondir les fondements de la Doctrine spirite codifiée par Allan Kardec, en rapprochant sans cesse le mouvement spirite et la Doctrine, de façon à créer une conscience spirite qui permettra de réaliser l'objectif essentiel du Spiritisme, en restaurant le christianisme primitif pour expérimenter pleinement le sens du Spiritisme dans nos vies, en prenant Jésus comme modèle et guide, et Kardec comme orientation pour nous diriger vers le Christ.

Les revenus tirés de ce livre et des autres œuvres de Alirio de Cerqueira Filho sont totalement consacrés à l'appui aux activités doctrinaires de la Fédération spirite de l'État du Mato Grosso.

.

Chers lecteurs, c'est avec beaucoup de plaisir que nous publions ce livre en français. Il s'agit d'une oeuvre dont l'objectif est de susciter des réflexions sur la sexualité saine, en la reliant à la santé de l'Esprit immortel. Nous espérons que vous ferez d'excellentes réflexions.

Le directeur de publication

Alírio de Cerqueira Filho

Il coordonne actuellement le **Projet Espiritizar** (ww.espiritizar.org), de la Fédération spirite de l'État du Mato Grosso. Il participe au mouvement spirite depuis 1980.

Écrivain et conférencier spirites, il donne des conférences et des séminaires partout au Brésil et à l'extérieur. Il a été directeur du Département des études et de la doctrine de la Fédération spirite de l'État du Mato Grosso de 1982 à 1996, jusqu'à son élection à la fonction de vice-président des affaires doctrinaires, fonction qu'il a assumée durant deux mandats consécutifs.

Médecin de profession, il est également biologiste avec concentration en écologie et spécialisation en médecine homéopathique, en psychiatrie, en psychologie et en psychothérapie transpersonnelle.

Il est également formé en thérapie de régression des vies antérieures et dans l'art de la programmation neurolinguistique. Il possède une vaste expérience de 20 ans de travail avec le psychisme humain, comme psychothérapeute en pratique clinique et éducateur transpersonnel ayant donné un nombre incalculable de cours, de séminaires et de conférences.

Pour communiquer avec le directeur de publication :
acerqueira@espiritizar.org

Éd. Espiritizar, Fédération spirite de l'État du Mato Grosso
260 Ouest, Avenue Djalma Ferreira de Souza, Morada do Ouro
78.055-170, Cuiaba, État du Mato Grosso, Brésil
Tél. 55 (65) 3644-2727
editora@espiritizar.org | www.editoraespiritizar.com.br

www.ingramcontent.com/pod-product-compliance
Lightning Source LLC
Chambersburg PA
CBHW051950090426
42741CB00008B/1337